JN095199

私の教育哲学

―コロナ禍の講義録―

西方　守

専修大学出版局

はじめに

二〇二〇年新型コロナウイルス感染症拡大の影響により、大学の授業はインターネット利用の「非対面」で五月から始まりました。私は、講義内容を話し言葉の文章にして配信することにしました。本を読まなくなったと言われている学生たちに、文章を読む力を付けてもらいたいという意図がありました。そうして、前期、「教育学概論」一五回分、「哲学―知の起源―」一五回分、「教育哲学」一五回分、「人間学概論」三回分、「人間文化入門」一回分、後期、「倫理学」一四回分（新型コロナ感染症の影響で一回分少なくなりました）、「教育原理（中等）」一四回分（「倫理学」と同様です）の合計七七回分の講義録が残ることになりました。

私は、二六歳の時に現代ドイツの教育哲学者であるテオドール・リット（一八八〇―一九六二）の研究（卒業論文）を始め、「博士（教育学）」の学位論文「テオドール・リットの弁証法的教育哲学研究」（二〇〇〇年三月、東北大学）をもとに、二〇〇六年七月には「石巻専修大学図書刊行助成」を受けて『リットの教育哲学』（専修大学出版局）を出版することができました。三二歳（東北大学大学院教育学研究科博士課程）の時に石巻赤十字看護専門学校非常勤講師として半期一五回の「教育学」と「哲学」

を担当するようになり、東北大学教育学部教育哲学講座助手を経て、三六歳からは石巻専修大学理工学部基礎理学科助教授として通年三〇回の「哲学」を担当するようになりました。その後、四六歳で教授になり、五五歳からは「教育学」も担当し、六〇歳からは新設された人間学部人間文化学科教授として「教育哲学」も担当するようになって、現在に至っています。

そして、二〇二三年三月には七〇歳の定年退職を迎えることになります。大学での教員生活の最後に、私の「教育哲学」に関する本を残したいと思いました。『リットの教育哲学』を出版してから「私の教育哲学」への思いが強くなってきてはいましたが、改めて「私の教育哲学」をまとめることは難しいと考えていました。ところが、コロナ禍の中、期せずして七七回分の講義録が残りました。そこで、この講義録のうちの「教育学概論」「教育原理（中等）」（一五回分にして）「教育哲学」合計四五回分の講義録をもとにして『私の教育哲学』を「令和四年度 石巻専修大学図書刊行助成」を受けて上梓することにしました。

講義録には、重複する箇所もあり、まとまりもないかもしれませんが、逆にそれぞれの講義の枠組みの中で、様々な観点から教育について考えることができ、全体として見た時に「私の教育哲学」といったものが表現できているのではないかと考えました。さらに、講義録をもとにしているということで、専門以外の方々にも読んで頂けるのではないかと思います。

それぞれの講義の最初の授業に関するガイダンスとⅡ以降の自己紹介の箇所、授業の課題等の指示は省略してあります。ちなみに、「課題等の指示」は「六〇分くらいをめどに、講義内容の文章を読んで、手書きのノートを作り、わからないところは辞書などで調べ、残りの三〇分くらいで、ノートをもとにして、課題を書いてください」です。課題は「今日の講義内容に関して考えたことを書いてください」とか「今日の講義内容をまとめてください」などでした。

本文に関しては、加筆したり改変したりした箇所があります。また、本文中には明記しませんでしたが、恩師である荒井武他編著『教育原理［改訂版］』（福村出版）と荒井武編著『教育史』（福村出版）を参考にしています。また、石巻赤十字看護専門学校の授業で使用した以下の教科書、長尾十三二、椎名萬吉『高看基礎講座　教育学』（メヂカルフレンド社）と長尾十三二他『新版看護学全書　基礎科目　教育学』（メヂカルフレンド社）と荒川智編著『新体系看護学　基礎科目　教育学』（メヂカルフレンド社）、木田元、須田朗監修『基礎講座　哲学』（メヂカルフレンド社）を参考にしています。

目次

Ⅰ　「教育学概論」

1 自己紹介 現在の教育の問題点

自己紹介から始めたいと思います。

私は、西方守(にしかたまもる)と言います。人間学部人間文化学科教授です。一九五二年五月二〇日生まれで、現在(二〇二〇年五月一一日)六七歳です。もうすぐ六八歳になります。仙台生まれの仙台育ちです。石巻専修大学には開学(一九八九年四月)からいて、今年で三二年目です。

私の専門は、教育哲学です。教育哲学とは、教育に関して、当然のこと、当たり前のこととして比較的問題にされることのない常識といったこともあえて問題にし、その陰に隠れている教育の本質を明らかにしようとする学問です。

私は、卒業論文から現在まで四二年間近く、現代ドイツの教育哲学者であるテオドール・リット(一八八〇-一九六二)の研究をしてきました。リットは、戦前にはナチスと対立して大学教授の職を辞し、戦後は自由を抑圧する東ドイツの全体主義的傾向を批判した人物です。二〇〇〇年には、それまでのリット研究をまとめて「テオドール・リットの弁証法的教育哲学研究」という題で博士論文を東北大学に提出し、「博士（教育学）」の学位を取得しました。また、二〇〇六年には「石巻専修大学図書刊行助成」を受けて、専修大学出版局から『リットの教育哲学』を刊行することができました。ちなみに、本著の構成は、「序論」「教育学の方法論」「人間観と教育（1）」「人間観と教育（2）」「出会いと教育」「自己認識と教育」「自然科学―科学技術―産業社会と教育」「民主主義と政治教育」「結論」から成っています。

ところで、どちらかというと理科系タイプで語学の苦手であった私が、どうして教育哲学を専攻し、そしてリットを研究することになったのかということを少しお話したいと思います。

宮城県仙台第二高等学校の二年生の時、勉強と部活（バレーボール部）の両立に失敗し、留年、退学、再編入学と、三年間を要してしまいました。今から考えると、部活をやめてしまったら、自分らしさが失われてしまうのではないかという強迫観念にとらわれていたようです。スポーツに依存してしまっていたようです。どうしてそこまでスポーツに依存してしまったのかというと、スポーツをしている時だけ、母親の干渉を受けずに、自分らしく行動できていたからではないかと思います。

私の母は、東京の北千住に住んでいた七歳の時に製紙会社に勤めていた三八歳の父を肺炎で亡くし、祖母と母と妹と仙台の原町に引っ越してきます。仙台に引っ越してきたのは、江戸時代中頃から祖父母の代まで石巻で、それ以前の江戸時代は仙台に住んでいて、頼れる親戚が仙台にいたからです。

仙台での生活は、私の祖母が東京の共立女子職業学校(後の共立女子専門学校、現在の共立女子大学)で身に付けた裁縫をしたり、生け花を教えたりで、細々と生計を立てていたようです。「西方」の姓(せい)

を受け継ぐことになった母は、私の曾祖母や祖母の期待に応えて、優等生だったようです。原町小学校を卒業して、宮城第一高等女学校（後の宮城県第一女子高等学校）、宮城女子師範学校（学費はなく、逆にお金をもらえたとのことですが、戦時中のため、群馬の中島飛行機製作所に勤労動員され、教職の勉強はほとんどできなかったようです）を経て、一九四六年に一八歳で望まれて母校の仙台市立原町小学校の教諭になります。その直後の五月に、私の祖母は四五歳で肺炎のために亡くなります。

母は、私が入学する年まで一三年間原町小学校に勤め、新設された隣の学区の仙台市立宮城野小学校に転勤します。宮城野小学校で担任をした母の教え子が、後に私が進んだ仙台市立宮城野中学校では、同級生にもなります。こうして、私は常に小学校教師である母の子として私を見る学区の人たち、先生、同級生の目を気にするようになっていきました。

さらに、母は、祖父以来の男の子の「跡取り」としての私に大きな期待をかけ、いろいろと干渉してきました。一つだけ具体的な例を挙げれば、習字では、母が書いた下書きを母に手をとられてなぞらされ、それが書道コンクールで金賞をもらったりしました。私は、段々人前で字が書けなくなったり、定規を使わないと書けなくなったりしました。このような中で、母親の干渉が及ばなかったのが外で遊んでいる時であり、スポーツをしている時だったのです。

母は、私にいろいろと干渉しましたが、母が祖母から受け継いだ清泉古流の生け花だけは私に強いることはありませんでした。母親が楽しそうにしている生け花を私は傍でよく見ていました。現在、妻が買ってくる生花を花瓶に生けるのは、私です。見様見真似で覚えたやり方ではありますが、花を生けることは楽しいです。

教育とは、このようなことではないのかと私は思います。ああしろこうしろと子に強いることではなく、自分が楽しむことではないかと、それが子に伝わるのではないかと考えます。そうしたことは、生け花だけではなく、いろいろと母から私に伝わっているように思います。

話が少し長くなってしまいましたが、元に戻って、高校を中退することになった私は、そこで自分を立て直さなければとの思いで読み始めたのが、それまであまり手にとることもなかった、小説や詩、短歌、そして心理学の入門書でした。高校を二年遅れで卒業することになり、大学受験を考えた時、挫折の経験と教育への関心、そして高校に戻る時にお世話になった石郷岡泰先生（私は一度しか会ったことはなかったのですが、「二、三年遅れても息子さんには必要な時間かも知れませんよ」と母親に助言をしてくれた先生で、母から後でその話を聞き、何か引かれるものがありました）が東北大学教育学部教育心理学科に所属していたことから、東北大学教育学部を受験することにし、最初の年は合格できずに一年間の浪人生活の後、入学しました。

ところが、入学した時には、石郷岡先生は新潟大学に移っていて、もういませんでした。大学では当初、教育心理学科心身欠陥学（現在の障害児学）を専攻していましたが、三年修了時、二年次の千葉泰爾先生の教育哲学講読を受講しているうちに生じた、教育哲学への思いが強くなり、転学科を申し出ることになります。三年生をもう一年するという条件付きで、教育学科教育哲学教育史専攻へ移りました。そして、四年次卒業研究の指導をお願いした恩師である荒井武先生から勧められたのが、リットでした。

私の人生は「鈍行列車」です。大学院に進んでからも、博士課程は倍の六年、さらに研究生一年も経験しました。はじめて専門に関する仕事ができたのは、三二歳の時でした。石巻赤十字看護専門学校の非常勤講師になり、哲学と教育学、そして心理学を担当しました。現在も哲学を担当しています。東北大学の助手になったのは三五歳の時で、東北大学には学生から助手まで一五年間いました。そして、三六歳の時に、石巻専修大学理工学部基礎理学科の助教授になり、助教授一〇年、教授は今年度で二二年目です。現在大学では、この教育学概論のほかに、哲学―知の起源―、倫理学、教育原理(中等)、教育哲学、人間学概論（三回）、人間文化入門（一回）、人間文化基礎演習、人間文化演習Ⅰ、人間文化演習Ⅱを担当しています。

最後に「現在の教育の問題点」についてです。

現在の教育の問題点は、学校教育が入学試験に代表されるように、人を選別する手段になってしまっているということにあるのではないかと考えています。鶴見俊輔は、岡部伊都子との対談で次のように話しています。「日本人は生物学的に劣っているのではありませんが、学校制度によって劣っているね。学校で落としめられているんです。これが問題だ。」（『まごころ　哲学者と随筆家の対話』藤原書店、九三頁）また、鶴見は『まなざし』（藤原書店）で次のように述べています。「何とかして一高に入りたい、東大に入りたい。では、それから何をやるんだ、（中略）全然ない。もう小学校一年のときからそうなっている。あれでは、もうだめだよ。全然未来に希望がない。」（二〇〇頁）

入学試験を中心にして学校教育が、そして教育が考えられているということです。浜田寿美男（発達心理学者）の言葉を借りるならば、〈学習―評価―学習〉のサイクルが〈評価―学習―評価〉のサイクルになってしまっているというところが問題です。本来、教育評価は、次の学習に活かされてはじめて意味をもちます。ところが、入学試験の結果のように、常に評価が気にされ、評価で終わることになってしまっているのではないかということです。

教育とは、そもそも一人ひとりの自己実現を図ることが目的で、一人ひとりの人生を豊かにすることに関わるものではないのか、そして、そのために自分自身のことを知ることが大切で、学校は教育を通して自分を知る手掛かりを提供するところではないのか、と考えます。この教育の本質を様々な観点から講義を通して考えていきたいと思います。

2　狭い意味での「教育」と広い意味での「教育」

「教育」には、意図的・計画的に「教育目的・目標」が設定され、その「目的・目標」の実現のために必要な「教育内容」が選ばれ、「教育課程（カリキュラム）」が組まれ、それを実現する「教育方法」が検討される、狭い意味での「教育」である「学校教育」と、偶然的要因が比較的大きく作用する「家庭教育」「社会教育」「自然との関わり（自然の恵み、自然災害…）を通した教育作用」「動物（野生動物、ペット、家畜…）との関わりを通した教育作用」を通して実現する、広い意味での「教育」である「人間形成」（「人間になること」に関わる教育作用）があります。もちろん、広い意味での「教育」である「人間形成」の中には、狭い意味での「教育」である「学校教育」も入ることになります。

広い意味での「教育」である「人間形成」について考えてみます。哲学者・倫理学者である和辻哲郎（一八八九―一九六〇）は、「人間」という漢字を分析して、「人間」ははじめから「人間」ではなく、「人（ヒト）」として生まれ、「人の間」（家庭や社会）で「文化」（言葉、感じ方、考え方、行動様式、生活様式である広い意味での「文化」）を身に付けることによって「人間」に「なる（形成）」存在である、と考えました。

この過程全体が広い意味での「教育」である「人間形成」ということになります。そして、狭い意味での「教育」である「学校教育」は、「社会」（「人の間」）の制度としての「教育」という位置付けになります。

「人間」は、「なる」存在です。「人間」は、男にも女にも、親子にも、恋人にも、夫婦にも、日本人にも、そして自分にさえなる存在であると言えます。この「なる」（形成）ということには、「でこぼこ」（多様性）が生じます。そして「なれない」ということも生じます。この可能性の幅の広さを「可塑性」と言ったりもします。

次に「人間形成」に関わる「文化」について考えてみます。どうして「感じ方」が「文化」なのかと思われる人もいるかもしれませんので、「静かさ」の感じ方を例にして説明します。西洋人は、音のない状態を「静か」であると感じるのに対して、日本人は、音のある状態に「静かさ」を感じるようです。日本人は、秋の夜長の虫の鳴き声に「静寂」を感じます。虫の鳴き声を録音して、西洋の人に聞いてもらうと、うるさいと感じるそうです。また、松尾芭蕉（一六四四-九四）が山寺で詠んだ俳句に「静かさや岩に染み入る蝉の声」というのがあります。夏の山寺の蝉の鳴き声はうるさいくらいです。でも、そのうるささの中に、芭蕉は「静かさ」を感じたのです。「古池や蛙飛び込む水の音」というのもあります。日本庭園の滝の音や小川のせせらぎの音、そして「鹿威し」の音に日本人は、静寂を感じます。この感じ方は、日本人が知らず知らずのうちに身に付けてきた「文化」であると言えます。

「考え方」の例としては、「男の涙」を取り上げたいと思います。明治時代の指導者は、人前でよく泣いたと言われています。それが戦争の時代になると、男は人前では涙を見せてはいけないとなって、戦後もある時期までそのような考え方で来ています。それが変わったのが、読売ジャイアンツにドラフト会議で裏切られ、西武ライオンズへ行った清原和博選手が一九八七年、ジャイアンツとの日本シリーズで見せた涙に多くの日本人が共感した頃と言われています。時代や社会によって「男の涙」に対する考え方も変わってきました。

また、一九九七年、バブルがはじけて生じた損失を不正会計で隠蔽し破綻した山一証券の社長が記者会見で「社員は悪くはありません。責任はすべて経営者である私にあります。どうか社員を雇って下さい。」と言って流した涙に多くの人が共感しました。後に、この社長さんは「情のある人」ということで別の会社の社長になったそうです。ところが、同じ記者会見をニュースで見たアメリカの経営者たちは、日本人とは違った捉え方をしました。人前で涙を見せるような経営者だから会社を破綻させた。感情に流されないことが経営者としては大事であるという考え方です。「男の涙」にしても、日本人とアメリカ人の考え方ではこれほど違うのです。

「文化」と似た言葉に「文明」というのがあります。この「文化」と「文明」の違いについて、次に考えてみたいと思います。

「文明」は、上下水道があるとか、電気が通っているとか、ガスが使えるとかということです。したがって、「文明」には「高・低」があります。上下水道があるところは「文明が高い」ということになります。電気が通っていないところは「文明が低い」ということになります。明治時代を「文明開化」というのは、そういう意味です。

それに対して、「文化」は言葉や感じ方、考え方、行動様式、生活様式で、同じか異なっているかです。つまり、「文化」には「異・同」があるだけです。手を使って食事をする人たちが「文化」が低くて、ホークやナイフを使って食事をする人たちが「文化」が高い訳ではありません。食事の仕方という行動様式の「文化」が異なっているだけです。

「文化」は、時代の変化と共に、少しずつ変わることもありますが、時代を越えてもなかなか変わらないという面ももっています。たとえば、「お風呂の入り方」です。時代と共に西洋の「文明」が入ってきて、風呂の沸かし方も薪(まき)からガスや電気へと変りました。でも、日本人の風呂の入り方は変わってはいません。湯船に入る前に、体を洗って、熱めのお湯で温まって出る。ぬるめのお湯に石鹸を入れて、湯船の中で体を洗い、出る時にシャワーで石鹸を流し落とすという、西洋人の入り方はしません。また、「洋間の絨毯（じゅうたん）の使い方」も西洋人のように土足では使いません。裸足（はだし）で、あるいはスリッパをはいて使います。畳の上での行動様式・生活様式と同じです。

次は、生活様式・行動様式と言葉の関係についてです。魚を主に食べてきた日本人の言葉には、魚の言葉が多く、肉を主食としてきた西洋人の言葉には、肉の言葉が多くあります。同じ広い意味での「文化」といっても、生活様式・行動様式と言葉の間の関係を見ることができます。

また、言葉と宗教・考え方にも相関を見ることができます。一神教の考え方をするユダヤ教、キリスト教、イスラム教を生み出した人々の言葉は「セム語族」に属しています。それに対して、多神教の考え方をする仏教やギリシアの神話や北欧の神話を生み出した人々の言葉は「インド・ヨーロッパ語族」に属しています。「セム語族」の人々は「時間」を過ぎ去って二度と戻ることのない直線的な運動（年表のような時間）と考えたのに対して、「インド・ヨーロッパ語族」の人々は「時間」を永遠に繰り返す円環的な運動（時計のような時間）と考えました。ちなみに、和辻哲郎は、『風土』（岩波文庫）で、風土と文化の関係を指摘しています。たとえば、「モンスーン」と仏教、「砂漠」とユダヤ教、「牧場」とキリスト教といった連関です。

「ヒト」は「人の間」（家庭や社会）で、様々な「文化」を身に付けて「人間」になります。これが広い意味での「教育」です。狭い意味での「教育」である「学校教育」はもちろん大切ですが、「人間形成」としての広い意味での「教育」も大切です。「教育」に関して、狭い意味だけでなく、広い意味でも考えてみると、「教育」が少し違って見えてくるかもしれません。そして、狭い意味での教育である「学校教育」の意味がよりはっきりしてくるかもしれません。

3　語源から見た「教育」

まず、漢字の「教育」の意味から見ていきます。

「教」の字は、「孝」と「攵（攴）」からできています。「孝」は、「老」と「子」が上下に組み合わされた文字で、「教える年上の者と習う若い者との交わり」を意味し、「習う」「教える」の意味があるそうです。ちなみに、日本古来の大和言葉（やまとことば）の「ならう」は、「なれる」から、「まなぶ」は「まねる」から来ていると言われています。「攵（攴）」は、「むち打つ」という意味です。したがって、「教」の字の意味は、「年長のものが年少のものに対して、いろいろ教え、たたいたりしながら（注意しながら）習わせる」ということです。ということは、「教」は、その社会に新たに入ってくる者に対して「社会性を身に付けされる」といった「社会化」の意味をもっている漢字と理解できます。

「育」の字は、「𠫓」と「月」からできています。「𠫓」は、「子」をさかさまにしたもので、「子がさかさまになって生まれてくること」に由来するとも言われています。「月」は「月（つき）」ではありません。

「肉」を意味します。「脳」「肺」「胸」「腹」「腰」…といった身体（肉体）を表わす漢字に使われています。したがって、「育」の字の意味は、「子に肉（食べ物）を与えてそだてる」ということです。ちなみに、大和言葉の「そだつ」は、「添い立つ」「巣立つ」から来ているそうです。ということは、「育」は、「子を保護し、身体を養う」といった「保護」「身心の養育」の意味をもっている漢字と理解されます。「身心の養育」としたのは、子の「身（体）」の養育は、同時に「心」を養う行為であると考えられるからです。

次に、西洋の言葉の意味について歴史的に古いものから見ていきます。

ユダヤ教・キリスト教の『旧約聖書』の中に、ヘブライ語の「ムサール」という言葉があります。これは「教訓」や「懲戒」（「懲らしめ」）を意味する言葉です。この「ムサール」は、『旧約聖書』がヘブライ語からギリシア語に翻訳される際、ギリシア語の「パイデイア」に置き換えられます。そして、ギリシア語の『旧約聖書』が古代ローマのラテン語に翻訳されて、ラテン語の「disciplina（ディスプリーナ）」になり、さらに英語の「discipline（ディスプリン）」になります。英語の「discipline」を辞書でひくと、「訓練」「躾」「懲戒」と言った意味が出てきます。したがって、これらの言葉の意味は、「教訓」「訓練」「躾」「懲戒」といった「社会化」を意味する言葉であるということになります。その他に、「社会化」を意味する言葉には、「形成」「陶冶」「教養」を意味するドイツ語の「Bildung（ビルデゥンク）」があります。上述の漢字の「陶冶」は、「陶」の字が「粘土で焼き物をつくる」という意味で、「冶」の字が「金属をとかして器物をつくる」という意味で、「形成」を意味します。これも

「社会化」を意味する漢字です。

比較的歴史の新しい、「教育」を意味する言葉に、英語の「education（エデュケーション）」やフランス語の「éducation（エデュカシオン）」があります。これらは、ラテン語の「educo（エデュコ）」から来ています。「educo」は「e」と「duco」からできていて、「e」は「内から外へ」、「duco」は「引き出す」を意味しています。したがって、「educo」は「内にあるものを外へと引き出す」という意味になります。ということは、英語の「education」もフランス語の「éducation」も「内にある個性を外へ引き出す」といった「個性化」の意味をもつ言葉であるということになります。ドイツ語の「Erziehung（エアチーウンク）」もドイツ語の動詞である「erziehen（エアチーエン）」から来ていて、「内から外へ引き出す」という、英語の「education」やフランス語の「éducation」と同じ意味をもっています。

このように見てくると、歴史の古い「教育」に関する言葉の意味は、「社会化」や「保護・身心の養育」であり、歴史の比較的新しい「教育」に関する言葉の意味は、「個性化」ということになります。これまで見てきた「教育」に関する言葉の意味をまとめると、「保護・身心の養育」を前提（土台）として、その上に成り立つ社会化と個性化の全体ということになります。

「教育」に関する西洋の言葉にも日本の言葉にも共通しているのは「社会化」を意味する言葉です。それに対して、日本の言葉に見られて西洋の言葉に見られないのが「保護・身心の養育」を意味する言葉であり、西洋の言葉に見られて日本の言葉に見られないのが「個性化」を意味する言葉であるということになります。「教育」について考えるなら、これらすべての意味が必要であると考えます。

日本で「教育」と言うとき、抜け落ちがちなのがこの「個性化」である理由も、「教育」を表わす日本の言葉には「個性化」を意味する言葉がもともとなかったということにあるのではないかと思います。ちなみに、「個性化」について少し考えてみたいと思います。「内にもっているものを外へ引き出す」（「個性化」する）ためには、どうしたらよいのかということです。たとえば、野球のバッティングですが、プロ野球の選手のバッティングは、一人ひとり違います。彼らには「個性」があります。それに対して、子どもたちのバッティングも一人ひとり違いますが、「個性」ではありません。「個別性」です。では、どうしたら「個別性」が「個性」になるのかというと、たとえば、子どもたちがプロ野球の選手のバッティングをまず「まねて（模倣して）」、そして繰り返す（「反復する」）ことです。その際、「反省」も大切です。この「模倣」と「反復」と「反省」が「個性を引き出すこと」になります。何もしないでいては、「個性化」は実現しません。

今日の講義の最後に、「教育作用」を比喩的に表現する言葉について見ていきたいと思います。「教育作用」を比喩的に表わす言葉には、三つのタイプがあると思います。一つは、植物の生長をイメージした言葉です。「実（みの）らせる」「成（な）らせる」といった言葉で、「教育環境を整える」といった意味での「教育作用」や「個性化」の意味での「教育作用」を意味していると言えます。

二つ目は、動物の出産や飼育や調教をイメージした言葉です。「産み出させる」「育てる」「仕込む（調教する）」といった言葉です。「産み出させる」は、古代ギリシアの哲学者であるソクラテス（紀元前四六九-三九九）の「産婆術(さんばじゅつ)」に見られる「教育」です。ソクラテスは、子どもを産むのは妊婦で、産婆は妊婦が子どもを産むのを助けるのが仕事であるように、教育者は被教育者が自ら知恵を産み出すのを助けるのが仕事であると、「教育」の主体はあくまで被教育者であり、教育者の役割は補助的・援助的であるべきと考えました。ここに見られる「教育作用」は「個性化」と言えるかもしれません。「育てる」は動物の飼育のように「保護」と「身心の養育」を意味します。「仕込む（調教する）」は動物に芸を仕込む（調教する）ように、子どもに「社会性を身に付けさせる」といった「社会化」を意味します。

三つ目は、人間の工作をイメージした「つくる」「形成する」「陶冶する」といった言葉です。「つくる」「形成する」「陶冶する」主体は教育者、大人です。被教育者は「産婆術」とは違って、受け身（受動的な立場）になります。この「教育作用」の意味は、「社会性を身に付けさせる」「社会化」ということになります。

このように、「教育作用」を表わす時に、どのような言葉で表現するかということによって「教育」の意味がかなり違ってくることに注意しなければなりません。

4 「教育学」の学問的特殊性

今日の講義内容は、「教育学」という学問が他の「学問（科学）」に比べて、「学問」として「特殊」であるという話です。

本論に入る前に、「学問」と「科学」について少し話したいと思います。「学問」という言葉は、英語の「サイエンス」の翻訳語です。「サイエンス」は、もともと単数形しかなく、ラテン語の「スキエンティア」に由来します。「スキエンティア」は「知識」を意味しています。したがって、単数形で「知識」という意味から、「サイエンス」は「知識の総体」といった意味になります。それを日本では、「学問」としたのです。

さらに、一八世紀後半以降になると、「サイエンス」の複数形が造られます。「サイエンシーズ」です。「知識の総体」を意味していた「サイエンス」が、分化して（分かれて）多くの「サイエンス」が生まれてきたことを意味しています。その「サイエンシーズ」に当てられた翻訳語が「科学」です。「科学」は、「諸々の科（分野）に分かれた学問」の意味です。

ちなみに、漢字の「学問」は、「サイエンス」「サイエンシーズ」の方法を意味している言葉です。「学」は「学ぶ」で、それまで蓄積してきた「知識の総体」を、あるいはその分野の「知識の総体」を肯定的に受け入れることを意味します。「問」は「問う」で、肯定的に受け入れたことを「疑ったり」「批判したり（別の考えを示したり）」して否定的に問題にすることです。ただし、この「否定的に問題にすること」は、「よりよい肯定」、つまり真理を求めて為されることです。

ここからが今日の本論です。「教育学」の学問的特殊性を四つの点から指摘したいと考えます。まず、一つ目の特殊性は、「教育学」は他の多くの学問（科学・科学技術）と関係しているということです。他の学問（科学・科学技術）も隣接する他の学問と関係するということはありますが、教育学ほど多くの学問に関係するということはありません。講義の「2 狭い意味での「教育」と広い意味での「教育」」を思い出してください。広い意味での「教育」は、「人間形成」で、「ヒト」が「人の間」（家庭や社会）で「文化」を身に付けることによって「人間」になる（「形成」）ということです。「教育学」という学問は、「ヒト」が「人の間」（家庭や社会）で「文化」を身に付けて「人間」になること（形成）の全過程に関係するということになります。まず、「教育学」は「ヒトである」ということに関わる学問（科学・科学技術）に関係します。生物学、生理学、医学、障害学といった「自然科学」系の学問（科学・科学技術）です。次に、「家庭」や「社会」に関わる学問（科学・科学技術）に関係します。社会学、心理学、政治学、法学、経済学、経営学といった「社会科学」系の学問です。ここでは、「社会の制度としての学校」に関わる学問も関係します。「教育学」の分野には、それらの学問との関係を示す名称の学問があります。たとえば、教育社会学、教育心理学、教育行政学、学校経営学などです。そして、「教育学」は、「人間」になること（形成）に関わる学問（科学・科学技術）に関係します。哲学、倫理学、歴史学といった「人文科学」系の学問です。ちなみに、「人文」は「人間」と「文化」です。これらの学問と関係する「教育学」の分野の学問として教育哲学、教育史などがあります。このように、「人間形成」という広い意味での「教育」について研究しようとすると、他の多くの学問（科学・科学技術）に関わらなければならないということになります。

二つ目の特殊性は、「教育学」が対象とする教育的事象は「わかること」と「わからないこと」の全体、「合理的なこと」と「非合理的なこと」の全体、「超時間的なこと」と「歴史的なこと」の全体であるということです。たとえば、教育学以外の学問（科学・科学技術）、特に自然科学系の学問は、原因と結果の関係で、過去の原因から現在の結果が生じたことが証明されて、同じ原因が現在にあるなら、未来には同じ結果が生じると予想することになります。未来は予想可能と考えます。しかし、「教育学」が対象とする、たとえば被教育者に関しては、現在「わかること」でも、その結果、未来が予想されるということはありません。被教育者は、現在「わかること」と「わからないこと」の全体ですから、被教育者の未来は常に「わからないこと」としなければなりません。

また、「教育学」以外の学問（科学・科学技術）は、「合理的なこと」（これは、「理論（理性）に合っていること」といった意味です）を対象とします。「非合理的なこと」も対象とはしますが、それを合理的に理解するためにです。しかし、「教育学」は、「合理的なこと」だけではなく、「非合理的なこと」も同時に対象にしています。たとえば、教育的作用における人格的な要因です。先生によって、教育的効果が上がる場合とそうでない場合があります。それを理解しようとする際、合理的にわかることもありますが、すべてが合理的に理解できる訳ではありません。このように「教育学」は常に「合理的なこと」と「非合理的なこと」の全体を対象としなければなりません。

さらに、多くの他の学問（科学・科学技術）は、いつでもどこでも誰にとっても成り立つ客観的な真理を目指して研究します。それは「超時間的なこと」です。もちろん「教育学」も「超時間的なこと」を目指します。しかし、「教育学」は、その研究対象を一回的、偶然的といった「歴史的なこと」なしに考えることはできません。たとえば、被教育者が属している家庭や社会は、被教育者には選択できません。偶然的なことであり、一回的なことです。したがって、「教育学」は「超時間的なこと」と「歴史的なこと」の全体を研究対象にしなければなりません。

三つ目の特殊性は、「教育学」においては、理論と実践を切り離すことはできないということです。他の学問（科学・科学技術）の多くは理論と実践を切り離しています。たとえば、自然科学はあくまで理論を目指します。そして、科学技術は、自然科学が明らかにした理論を実践します。そこには、理論と実践の分離があります。それに対して、「教育学」が研究する過去の実践は、その実践を可能にした過去の理論と切り離して考えることはできません。逆もまたそうです。そして、「教育学」が目指すのは、単なる理論ではなく、その理論の実践を念頭に置いた理論です。「教育学」は理論に裏付けられた実践を目指します。このように、「教育学」において理論と実践は切り離すことのできない一体のものと考えられています。

最後に、四つ目の特殊性です。これは、一つ目の特殊性とも関係しています。「教育学」は、他の学問（科学・科学技術）の成果を無視しては成り立たないということです。「教育学」は他の学問（科学・科学技術）と関係している訳ですから、当然それらの成果を無視することはできません。さらに、他の例を挙げれば、学校教育の内容に関してですが、国語は「教育学」以外の学問である文学の成果を前提にして構成されています。算数も社会科も理科も体育も音楽も図画工作も英語もすべてそうです。学校教育の科目はすべて「教育学」以外の学問（科学・科学技術）の成果です。

以上が、「教育学」の学問的特殊性です。これらの特殊性は、「教育学」が他の学問（科学・科学技術）と違って、難しい理由でもあるかもしれませんが、逆に面白い理由であるとも言えます。

5　教育と政治の関係の歴史①

政治と教育には密接な関係があります。明治時代（一八六八－一九一二）以降の日本を例にとって、「政治と教育の関係」の歴史について見ていきます。

明治時代の政治の大きな目標は、江戸時代の鎖国を解いて、近代的な国家を建設することでした。それを表わす喧伝の言葉として「富国強兵」とか「殖産興業」とかがありました。軍隊を強化して欧米の植民地化を防ぐ、産業を興して国を富ませるということです。そのために、明治時代の政治は、教育を利用します。

明治時代の教育は、近代国家建設のための教育ということになります。それは、大きく分けて、二つあります。一つは、近代国家に必要な人材を養成するということです。官僚や軍人や技術者や医師や教師といった一部のエリートを育成することです。そのために、学校教育は、優秀な人材を全国から幅広く集めるということで、「選別の手段」になります。教育が「立身出世」の手段となったということです。これは、現在まで続いていると見ることができます。

もう一つは、被治者（治められる者）や兵士といった近代国家の一員としての「国民教育」です。「国民教育」の内容は、「読み書き計算」にあたる科目、「地理」や「国史」（日本の神話から始まる歴史）、そして「修身」です。「修身」は、明治天皇が国民に直接語られた「教育勅語」に基づく、忠良な臣民（たとえば、戦争の時には、天皇のために戦い、死ぬことのできる国民）としての教育です。

そうして、日本は明治時代、日清戦争（一八九四-九五）、日露戦争（一九〇四-〇五）と二度の戦争に勝利し、日韓併合（一九一〇）によって国土を朝鮮半島へと拡張していきます。

大正時代（一九一二-二六）になると、第一次世界大戦（一九一四-一八）があり、その後、関東大震災（一九二三）と昭和時代（一九二六-八九）の初めの世界大恐慌（一九二九）によって不景気が生じ、農村は疲弊していきます。このような中で生じてきたのが「満州が手に入れれば、好景気になる」といった国民感情です。このようにして、日本の政治は、「十五年戦争」と言われる戦争の時代へ突入していきます。「十五年戦争」というのは、柳条湖（溝）事件（一九三一）に始まる満州事変、満州国建国（一九三二）、盧溝橋事件に始まる日中戦争（一九三七-四五）と太平洋戦争（一九四一-四五）

の全体です。その間、日本は一九三二年の「五・一五事件」（軍部によるクーデター）によって政党内閣政治に終止符が打たれ、軍部独裁政治へと至ることになります。一九三六年には「二・二六事件」（軍部によるクーデター）もありました。

この時代の政治は、欧米の植民地支配からのアジアの解放とアジアの平和のための戦い（「大東亜共栄圏」）といった大義の下に、侵略と植民地支配の政策を遂行しました。政治は、当然教育を利用します。教育は、戦争正当化と戦争遂行のための教育になっていきます。この戦争では、日本人だけで約三一〇万人が亡くなったと言われています。なんと、そのうちの二〇〇万人近くは、戦争の最後の一年間で死んでいます。一年早く戦争を終えられたら、これほどの犠牲はなくて済んだのです。それができませんでした。「一億総玉砕（ぎょくさい）」（戦争は勝つことが目的であるにもかかわらず、国民皆で死にましょう）と言って、政治は勝ち目のない戦争をやめることができませんでした。戦争に至る経緯に関しては、歴史学者である加藤陽子（かとうようこ）の『それでも、日本人は「戦争」を選んだ』（新潮文庫）や『戦争まで』（朝日出版社）が参考になると思います。

敗戦（一九四五）後、日本の政治は、全体主義・軍国主義から民主主義・平和主義へ百八十度変わり、国家の再建と復興が最大の目標になります。それを実現するために、教育が必要になります。ちなみに、戦後、戦前の反省を踏まえて「教え子を二度と戦場へ送るような教育はしない」という決意の下、日本教職員組合（日教組）が組織されます。戦後、小学校教諭になった私の母は「戦前、教師でなくてよかった」と、教え子を自らの教育で戦場に送り、死なせてしまった同僚の苦悩に触れて、しみじみと語っていました。

まずは、民主主義と平和主義の教育です。しかし、民主主義教育は「みんな一緒」「多数決が絶対」、平和教育は「みんな仲良く」「対立しない」ということになってしまったかもしれません。真の民主主義教育と平和教育は、対立してもその解決に暴力や武力を使わないということ、個別性と多様性を尊重し、異質な他者と共生するということではなかったかと考えます。

次に、国家の再建と復興ということでは、経済的な国際競争力を付けるための教育、すなわち、侵略によって資源を獲得することはできなくなった訳ですから、資源のないことを前提にして、原料を輸入し、それを加工し製品化して輸出し、利益を上げるために、技術者養成の教育が必要とされます。その象徴として、戦後全国各地に創設されたのが「高等専門学校（高専）」です。高校三年と工業系短大二年で、産業の「即戦力」を養成するということで、ソニー、パナソニック（松下電器産業）といった電化製品産業、トヨタ、日産、ホンダといった自動車産業の技術者を数多く輩出することになります。

また、戦後の経済発展を可能したことに、憲法における戦争の放棄があります。戦前は莫大な国家予算を軍事費に使っていましたが、戦後はその分の国家予算を経済発展のための産業やインフラの整備に使うことができたのです。

もう一つの要因は、戦後、日本に基地を置いたアメリカがした戦争です。アメリカが加担した朝鮮戦争（一九五〇-五三）で、日本にはアメリカによる軍事物資の買い付けという「特需」が起こります。

その後のベトナム戦争(一九六〇−七五)でアメリカへの軍事物資の供給も生じます。こうして、日本は、戦争で負けたにもかかわらず、目覚ましい経済発展を遂げ、一時期は世界第二位の経済大国にまでなります。

そして、国家の再建と復興後の現在、日本の政治の目標は、安定した社会の維持とより一層の経済発展になります。そのための教育が、政治から求められています。「ブラック校則」とまで言われるような「厳しい校則」や入学試験における「内申書」の導入といった「管理教育」は、安定した社会の維持のための教育と理解されます。また、「飛び入学」や「飛び級」といった、一部のエリートを早くから養成しようとする改革は、自然科学や科学技術の分野でより一層の国際競争力を付けようとする政治的な思惑が働いていると捉えられます。以前に導入された「ゆとり教育」というのも、創造性や独創性を育てる目的があったのではないでしょうか。もちろん、「ゆとり教育」には、「受験競争」に見られる「詰め込み主義の教育」への反省もあったと考えられますが、日本のゲームソフトやアニメーションは海外で高い評価を得て、日本に経済的利益をもたらしていたというのも事実でした。「ゆとり」が様々な分野の創造性や独創性を生み出せるのではないかと考えたのかもしれません。

このように、良くも悪くも、政治と教育は関係しています。政治が国民の幸福を実現してきた歴史もあれば、国民の不幸を生み出してきた歴史もあります。その政治に教育が関わっているのです。政治を抜きにして、そしてその歴史を抜きにして、教育を考えることはできません。教育と政治の関係の歴史を考えるということは、これからの教育が政治との関係においてどうあるべきなのかを考えるためにどうしても必要なことであると考えます。

6　教育と政治の関係の歴史②

「教育と政治の関係の歴史②」ということで、今日はまず、歴史教科書に見られる「政治と教育の関係」を見ていきたいと思います。日本の教科書は「検定」という形を取っています。民間の業者が作成した「教科書」を国（政府）の文部科学省がチェックして認定するというものです。国（政府）の「検定」を通らなければ、学校で教科書として使用することはできません。

これまで教科書検定で問題になってきたのは、特に歴史教科書の「十五年戦争（日中戦争、太平洋戦争）」に関する記述でした。過去に、日中戦争を日本の中国への「侵略」と記述した教科書が検定を通らなかったということがありました。「進出」といった表現に書き改めるように指導がなされました。しかし、中国や韓国からの抗議によって、「侵略」に戻された経緯があります。

また、「従軍慰安婦」の記述に対して、「国の関与」があったかどうかが問題になりました。現在でも、問題になっています。従軍慰安婦の問題に関しては、韓国の大学教授である朴裕河（ぱくゆは）の『帝国の慰安婦』（朝日新聞出版）が参考になると思います。

「国の関与」ということで言えば、沖縄の「集団自決」の記述も問題になったことがあります。この問題は、作家の大江健三郎の『沖縄ノート』（岩波新書）という本に「国の関与」に関する記述があり、その記述をめぐって、裁判になりました。この裁判は、最高裁判所まで行き、沖縄の「集団自決」に「国の関与」はあったということで結審し確定しました。

さらに、今でも問題になっているのが日本軍による「南京大虐殺」です。日本と中国で犠牲者の数にかなりの違いがあったり、「虐殺」そのものに関してもかなりの認識の違いがあったりしています。それに伴って、教科書の記載をどのようにするのかということが問題になっています。

このように、歴史的記述は、政治の干渉を最も受けやすいことであると思われます。第二次世界大戦下でナチス・ドイツが周辺国に行った戦争犯罪の記述に関して、ドイツは周辺国と歴史教科書の相互点検や共同編集を試みているようです。歴史教科書の問題の一つの解決策かもしれません。日本も中国や韓国と、相互に歴史教科書の点検を行ったり、共同編集を模索したりすることが必要であると考えます。そうすると、逆に日本からも中国や韓国の歴史教科書に対して意見を言えるようにもなると思います。

次に、日本の歴史教科書に、太平洋戦争末期にアメリカが日本に対して行った戦争犯罪の記述がない問題です。非戦闘員に対する無差別的殺戮は、明らかに戦争犯罪です。東京大空襲をはじめ、日本全土でなされたアメリカ軍の空襲は、一般市民を標的にした戦争犯罪です。戦争といえども、何をやってもよいというものではありません。戦争でもやってはいけない行為があります。軍の施設や軍需施設を空襲・攻撃することは許されても、非戦闘員である老人や子どもや女性のいる場所を無差別に焼夷弾（しょういだん）で焼き尽くす行為は許されません。まして、戦闘能力を失っていた日本の広島と長崎に原子爆弾を投下する必要はありませんでした。アメリカは、種類の違う二つの原子爆弾で核兵器の実験を広島と長崎で行ったのです。これは、明らかに戦争犯罪です。こういった記述が、日本の歴史教科書にはありません。

中国や韓国での日本軍による加害者としての行為の記述もアメリカの日本に対する被害者としての行為の記述も、二度と同じ過ちをしないための大切な教育に関わることです。後の世代に正確に伝えていく責務が現在のわれわれにはあると考えます。

戦後、日本は戦前・戦中の反省の下に、政治が教育に不当に介入しないようにする仕組みを作りました。教育に関して権限をもつ各都道府県市町村の教育委員会の委員を公選制にしました。そして、教育委員会の委員長は、委員の互選ということにしました。民意を反映して、教育への行政の介入を極力抑えようという仕組みです。ところが、一九五六年には、公選制が行政による任命制になり、さらに現在は、教育委員会の委員長は互選ではなく、都道府県市町村の首長による任命制になって、委員長の権限が強化されています。

もう一つ、政治が教育に介入する問題として、大学を取り上げたいと思います。大学（ユニバーシティ）はそもそも、中世ヨーロッパで、身分や男女の別なく、ヨーロッパ各地から集まってきた学生と教授の「組合」を意味するラテン語の「ユニヴェルシタス」に語源があると言われています。国を越えて集まってきた人々が「ラテン語」を共通の言葉として、教授や議論を行ったのが大学の始まりです。最初は大学の土地も建物もなく、学生と教授の「組合」は町の人々と交渉をして、教育と研究の場所や下宿を確保し、交渉が上手くいかない場合は、他の町に移ったそうです。そうして、段々と、町の人々の理解と協力を得られる場所に定着していったようです。

世界で最初の大学とされるのがイタリアのボローニャ大学です。ボローニャ大学の創設年は、一一五八年となっています。この年は、神聖ローマ皇帝によって大学が認可された年です。これは、神聖ローマ皇帝（政治権力）の勢力範囲に大学が入ったということを意味します。しかし、その代わりに、大学は自治権を獲得します。「学問の自由」です。「学問の自由」は、「学問の論理」「普遍的な真理追究の目的」にのみ従うのであって、国王（政治的権力）であろうと、教皇（宗教的権威）であろうとそれらの「不当な束縛からの解放」を意味します。

ところが、日本の大学の歴史は、ヨーロッパの大学とは少し違います。一八七二年に、明治政府によって「学制」（近代的な学校制度）が作られます。「学制」で日本を八つの「大学区」に分け、それぞれの区に「大学（校）」を、それぞれの「大学区」を三二の「中学区」に分け、それぞれ（二五六）に「中学校」（旧制中学校）を、そしてそれぞれの「中学区」を二一〇の「小学区」に分け、それぞれ（五万三七六〇）に「小学校」を置こうと考えました。大学はもともと「大きな学区に置かれた学校」を意味しています。

日本の大学は、国家の近代化（「富国強兵」）に役に立つために、国によって創られたのです。世界ではじめて工学部が総合大学の中に設けられたのは、東京大学においてです。日本では、現在でも大学の存在価値や教育・研究が「役に立つかどうか」ということに重きが置かれて捉えられています。文学部不要論などもそういった価値観から出てくると考えられます。しかし、大学の存在意義は、「役に立つかどうか」ではありません。あくまで「真理の追究」です。結果として、真理が何かの「役に立つ」ことはあっても、はじめから「役に立つ」ことを求められるものではありません。まして、その時の政府に都合のよいことだけを教育・研究するところではありません。

一九六〇年代後半から一九七〇年代にかけて、大学では学生運動が起こり、大学が政治化してしまった時代がありました。大学が「真理を追究する」場ではなく、政治活動の場になってしまったのです。その結果、政府による大学への干渉を許すことになってしまいました。現在、予算を政府に握られ、政府の言うことを聞かなければ、大学の存続すら危ない状況です。これでは、すべての人々のものである「真理の追究」「学問の自由」が損なわれかねません。これは、国家にとっても大きな損失になります。目先の利害にだけとらわれずに、大局的な観点から教育・研究について考える必要があります。

以上これまで述べてきたことから、「教育と政治の関係」について言えることは、立法と行政と司法の権限を独立させる「三権分立」にさらに教育も加えて「四権分立」が必要なのではないかということです。特に、行政から教育を独立させる必要があると考えます。

7　教育と社会の関係の問題①

教育の問題は、社会との関係を抜きにして考えることはできません。「教育と社会の関係の問題」について、今日の講義では、一九八〇年代以降に問題化した「いじめ」を例に考えていきたいと思います。

「いじめ」の定義から始めます。「いじめ」を小学校入学前の子どもに見られる「いじわる」や暴行、傷害、恐喝（きょうかつ）などといった「犯罪」と区別して考える必要があります。暴行や傷害や恐喝などは「犯罪」であって、「いじめ」として扱うのは間違っています。警察や児童相談所が「犯罪」として対応すべき問題です。それらと区別して、「いじめ」は継続的に繰り返される「言葉の暴力」や「無視」と定義しておきたいと考えます。

まず、小学校入学前の子どもに見られる「いじわる」から考えていきたいと思います。この「いじわる」は子どもの精神発達の契機になる可能性があり、この精神発達がなされていない結果として「いじめ」が生じているのではないかと考えるからです。「いじめ」は精神発達の未熟さの現われであるということです。

「いじわる」ですが、最初から「いじわる」する子どもはいません。子どもは、誰かから「いじわる」されます。そうすると、いやな気持ちになり、ストレスを抱えることになります。そのストレスを解消する形で、今度は誰かに同じように「いじわる」します。これは、精神発達的には未熟な状態です。それでは、この未熟な状態から、どのようにして発達を遂げるのかというと、自分が「いじわる」している相手を見ていて、自分が「いじわる」された時のいやな気持ちを思い出す（相手のいやな気持ちを共有する）、その結果、相手の立場に立って、親や教師によって禁止されるから（外からの強制によって）ではなく、自制的に「いじわる」しない、これが精神発達です。その際、親や教師は、禁止したり、強制したりするのではなく、「いじわる」している子どもに、「いじわる」された時のいやな気持ちを思い出させるようにもっていくことが必要になります。すなわち、「いじわる」している子どもに、「いじわる」されている子どもがどんな気持ちでいると思うか、気付かせる働きかけが必要になるということです。「A君（「いじわる」している子）、いじわるされたことない？ いじわるされた時、どんな気持ちだった、B君（「いじわる」されている子）は、今どんな気持ちだと思う？」といった問いかけです。「いじわる」している子に、むやみに禁止したり、まして体罰とかを使って強制したりしたら、この精神発達の機会は失われることになります。自発的に相手の気持ちに共感して、それに基づいて自己の行動を自ら制御できるようになることが重要です。

ところが、このような子どもの精神的な発達に関心をもっている親はあまりいません。字が読めるようになったとか、字が書けるようになったとか、足し算ができるようになったとかといった知的な発達には関心があっても、自分と立場の違う子どもに共感できるとか、相手の立場に立つとかといった精神的な発達全般にはあまり関心がないのです。「いじめ」の問題の背景にそうした社会のあり様があると考えます。「知的発達には重きを置くが、精神的発達全般にはあまり重きを置かない社会」です。

また、社会ということで言えば、「体罰を容認する社会」（「子どもの人権が軽んじられる社会」）のあり様も「いじめ」の問題の背景を成している可能性があります。森田ゆりは『新・子どもの虐待』（岩波ブックレット）の三二－三三頁で、保護者による体罰を容認する人が七二％（朝日新聞二〇〇四年五月）、体罰を受けた経験のある人が約七五％（石川義之編著『親・教師による体罰の実態』島根大学、一九九八）存在すると指摘しています。また、二万人の大人を対象に「セーブ・ザ・チルドレン」が二〇一七年に行なった調査でも、体罰を容認する人が約六割、子育て中の一〇三〇人のうち七割が「しつけ」としてたたいた経験があることが報告されています。そして、「体罰」や「児童虐待」の「世代間（親から子への）連鎖」の割合も七割くらいであると言われています。

どうしてそうなってしまうのか？「体罰」には「体罰」を正当化する「体罰の論理」というものがあるのではないかと考えています。「体罰」をする側からすると、「子や児童・生徒に非があれば、子や児童・生徒に体罰を加えることができる」という論理であり、「体罰」をされる側からすると、「自分に非があれば、体罰を加えられてもしょうがない」という論理です。

そして、この論理が「いじめの論理」になっているのではないかと考えます。すなわち、「相手に非があれば、攻撃を加えることができる（許される）」という論理です。この場合の「非」というのはあらゆることが「非」になる可能性があります。良くても悪くても他の人と違っているとか、何となく気に食わないとか、あらゆることが「非」になると言えます。どうしてこのように考えるようになったのかというと、ホームレスを襲った中学生たちが自分たちの行為を正当化するのに、「自分たちはいやでも学校に行って勉強しているのに、ホームレスは仕事もしないで好き勝手にしているから、懲らしめた」と証言したのを知ったからです。

しかし、人が人に対して暴力に相当する力の行使ができるのは、自分の身を守るための「正当防衛」と暴力をふるう人を止めるための「暴力制止的行為」だけのはずです。それ以外の不当な暴力は何人も受けないというのが「人権」（人として当然のこと）です。ところが、親や教師は、「しつけ」や「教育」と称して「体罰」（実は「暴行」や「傷害」という犯罪なのですが）を加えることによって、子どもの人権を侵害しているのです。しかも、六割から七割近くの人がそれを容認しているのです。このような社会が「いじめ」の背景にあると考えます。

日本の社会と「いじめ」の関係については、他にもいろいろな指摘がなされています。精神科医で作家のなだいなだは「歴史的に見ても日本はいじめ社会」であると言っています。その例として、たとえば、江戸時代の「村八分」を挙げています。村にとって不都合な家は、火事と葬式の「二分」以外は、「村」の人々との関係から排除されるというものです。また、戦時中の軍隊の「いじめ」や学校の運動部の「しごき」と称する「いじめ」を挙げています。

また、社会人類学者の中根千枝は『タテ社会と現代日本』（講談社現代新書）で、日本社会は「タテ社会」であるとして「近年世間を賑わせた、大手広告代理店の新入社員の自殺、学校のいじめ、日本的組織における女性の地位などは、まさに、こうした「タテ」のシステムと大いに関係がある」（一五頁）と述べています。

さらに、作家の柳美里（ゆうみり）は、日本の社会が「羨望（せんぼう）と嫉妬（しっと）の社会」であり、他者（良くも悪くも自分と異なる者）への攻撃性をはらんだ社会であると指摘しています。この「他者を排除する社会」は、以前によく使われた「ＫＹ」（空気が読めない）といった同質化を強調する言葉にも現われていると考えられます。日本社会は「みんな一緒の社会」「個（個人）の確立していない社会」とも言えます。

このように、様々な観点から「社会」について考えることが「いじめ」といった「教育の問題」を考える際には必要になってきます。以上のことは、「4 「教育学」の学問的特殊性」で扱った「教育学は、他の多くの学問（科学・科学技術）と関係している」「教育学は、他の学問（科学、科学技術）の成果を無視しては成り立たない」といった特徴の具体的な例（発達心理学や社会学との関係）であるとも言えます。

8　教育と社会の関係の問題②

前回の講義で「いじめ」の原因として、小学校入学前の幼児の他者への共感能力の未発達や共感能力に基づいて自制的に行動を制御する能力の未発達と、「知的な発達には重きを置くが、精神発達全般にはあまり重きを置かない社会」的な背景を挙げました。精神的発達が未熟なまま小学生・中学生・高校生・大学生・社会人になった人たちが「いじめ」に関わっていると考えられます。

今日の講義では、その未熟な精神発達の小学生・中学生がどのような社会的状況に置かれているのかということを考察したいと思います。小学生・中学生の多くは「慢性的なうつ（鬱）的状態」にあると考えます。その原因を作っているのが、「慢性的な疲労」です。いつも疲れているということです。その結果、「いらいら」の状態に置かれ、時に「きれる」とか「いじめ」とかになっていると考えられます。

それでは、どうして「慢性的な疲労」の状態に置かれているのかというと、彼らは、学校での学習、学校外での学習塾、学校での部活（中学校では週五日というところもあるそうです）、学校外での運動クラブ（スイミング・スクール、サッカー教室…）、習い事（ピアノ、バイオリン、バレエ、習字、そろばん…）、スマホ、ゲーム、アニメ、漫画、テレビ…と、一日のうちに多くのことをしなければならないし、また多くのことをしたい状態に置かれています。

その上、精神的にせかされています。「せかされている子どもたち」の話があります。鶴見俊輔（つるみしゅんすけ）は、東京の子どもを対象とした見田宗介（みたむねすけ）（社会学者）によるアンケート調査で「一日のうちで母親に一番かけられる言葉は何か」に対して、一番多かった言葉は「早くしなさい」であったということを指摘しています。また、「多少間違っているが早くひかれたピアノの曲」と「正しいがゆっくりひかれた同じピアノの曲」を子どもたちに聞かせて、どちらを好むかと尋ねると、「多少間違っていても早くひかれた曲」を選ぶ子どもが多いということも述べています。そこから、子どもたちが置かれている精神的な状態を読み取ることができます。そうした状態に対して、教育学者の秦政春は、子どもにはあらゆることから解放されて、何もしない、ぼっーと（ぼんやり）できる時間が必要ではないかということを指摘しています。

それでは、どうして子どもたちは常にせかされているのか。その背景に「学歴信仰の社会」と「スポーツ信仰の社会」があると考えます。このことに関して、一九九八年六月に国連の「子どもの権利委員会」が日本政府へ送った「意見書」を紹介します。それは、「日本では、高度に競争的な教育制度によるストレスにさらされ、かつその結果として余暇、身体的活動および休息を欠いているため、子どもが発達上の歪みに陥っていることを懸念する」というものでした。この「意見書」では、「受験競争」に見られる「高度に競争的な教育制度」によって、余暇や休息が奪われ、ストレスを抱え込み、その結果として「発達上の歪み」を生じさせているというものです。

しかし、このことは、「競争的な教育制度」だけではなく、「スポーツにおける競争」にも当て嵌まると考えます。その背景にあるのが「学歴信仰の社会」であり、「スポーツ信仰の社会」です。「信仰」と言っているのは、本来の姿とは違うという意味を込めています。たとえば、「スポーツは健全な精神を育てる」といったことも、必ずしもそうではないケースがあるにもかかわらず、多くの親や教師に「スポーツは良いことだ」と考えられているところが「信仰」なのです。スポーツでも、過度の競争によって「いじめ」が生じることがあります。

そして、その「学歴」や「スポーツ」を信仰する社会の背景を成しているのが学歴差別や収入格差を生み出している「不公平な社会」です。たとえば、医学部を出て医師になった場合、開業医の平均年収は約二五〇〇万円で、常勤の勤務医の平均年収は約一四〇〇万円だそうです。一世帯当たりの平均年収（複数の家族が働いている場合もあります）が約五五〇万円ですから、いかに高いかがわかると思います。医学系予備校の年間費用が数百万円のところもあり、私大医学部の六年間の学費だけでも数千万円とも言われています。普通の家庭では、到底出せる金額ではありません。アメリカの政治哲学者であるロールズ（一九二一―二〇〇二）は『正義論』（一九七一）で不平等を伴う職務や地位に就く機会に関して「均等の公正性の保持」ということを言っています。すなわち、高額な収入とか不平等を伴う職業に就く機会は、すべての人に平等に与えられなければならないということです。お金やコネがある人が優遇されてはならないということです。このことは、国会議員にも当て嵌まります。現在、国会議員としての年収は二一八一万円で、その他にも非課税の「文書通信交通滞在費」として年間一二〇〇万円が支給されています。国会議員の多くは二世、三世議員です。

戦後ある時期まで日本では、所得税の最高税率が七〇％くらいでした。その頃、あるプロ野球選手は「ほとんど税金にとられてしまう」と嘆（なげ）いていました。一億円稼いでも、手元には三千万円しか残らない訳ですから。その税率が段々少なくなってきて現在では最高税率は四五％くらいです。この差の二五％分の税金は、所得の少ない人から取ることになります。しかも、高収入ほど税率が高くなる仕組みの「累進課税」の原則がおかしくなっているとも言われています。このような中で「不公平な社会」になっているのです。

また、「将来、楽ができるように、苦労しないですむように、今しっかり勉強しなさい」と子どもに言う親がいます。「受験競争」に勝って、たとえば「東京大学法学部」に入り、「国家公務員上級（キャリア）職試験」に合格して「エリート高級官僚」になれば、一生優遇されて楽ができるという訳です。しかし、本来の意味での「エリート」は、「人々のために」働く大変な仕事で、それゆえに高収入なはずです。しかも、「エリート」の本来の評価は、人々の役に立ってはじめて為されるものであって、大学での成績や公務員試験での成績によって為されるものではありません。この頃の高級官僚の中には、「人々のために」ではなく、権力者のために「忖度して」働く人々がいます。「公僕」の意味をはき違えています。日本語の「公」はもともと「大きい宅」、つまり「大きい家」を意味し、「大きい家」に住む「権力者」を意味した言葉でした。しかし、「公僕」の「公」は英語の「パブリック」の翻訳で、「人々」を意味します。公務員は「権力者の僕」ではなく、「人々の僕」です。

そして、親が子どもに「受験競争」を強いるのは、親たちが社会で受けた学歴差別による人生での挫折感といった体験が根底にあったのではないかということを、精神科医で作家のなだいなだが『親子って何だろう』（角川文庫）で指摘しています。「学歴差別に苦しんだ人たちが、その差別をなくさせようという方向に向かわずに、ただ差別される側から、差別する側にまわろうとした。自分の子供を差別する側にまわらせようとした、そこに今のような、入試地獄の出発点があった。教育パパ、教育ママは、決して戦後のある時期に、突然に生まれたものではなく、日本の教育の学歴差別が、必然的に作り出したものだった。たしかに、今の教育はゆがんでいる。そして、その第一の責任は、日本の教育を学歴による選別の道具にしてしまった、日本社会にある。だが、その社会を作っていたのが、学歴差別に苦しみながら、差別を否定しようとしないで、自分たちの子供を差別される側から、差別する側にまわらせようとしていた教育パパや教育ママだったことを、忘れてはならない。」（一七〇頁）

「公平な社会」をどのようにして作っていくのかということは、様々な教育の問題を解決していく上でも重要な課題であると言えます。

9　家庭教育の理念

「3　語源から見た「教育」」で明らかにした「保護」「身心の養育」「社会化」「個性化」といった「教育作用」を中心にして「家庭教育の理念」について考えていきたいと思います。なお、「社会化」と「個性化」に関しては、「遊び」と「躾」を通して考察します。

哲学者の鷲田清一は『悲鳴をあげる身体』（PHP新書、七一―七二頁）で、「保護」「身心の養育」を「存在の世話」として次のように書いています。「家庭という場所、そこでひとはいわば無条件で他人の世話を享ける。言うことを聞いたからとか、おりこうさんにしたらとかいった理由や条件なしに、自分がただここにいるという、ただそういう理由だけで世話をしてもらった経験がたいていのひとにはある。こぼしたミルクを拭ってもらい、便で汚れた肛門をふいてもらい、顎や脇の下、指や脚のあいだを丹念に洗ってもらった経験」、この「存在の世話」が「じぶんが無条件に肯定されるという経験」であり、これが「人生への肯定感情」を生み出し、「人間の尊厳」（「自尊心」）をもつことを可能にするというのです。「こういう経験がないと、一生どこか欠乏感をもってしか生きられない。あるいは、じぶんが親や他人にとって邪魔な存在ではないかという疑いをいつも払拭できない。つまりじぶんを、存在する価値のあるものとして認めることが最後のところでできないのである。」すなわち、「存在の世話」である「保護」「身心の養育」が人間形成の基礎を培う、最も大切な「教育作用」であるということが示されています。このことは、教育について考える際、あまり重要視されていません。

「保護」について具体的に見ていくと、身体の安全の確保や健康管理や病気への対応といったことが挙げられます。乳児や幼児にとって身の回りの物は危険に満ちています。特に台所には、火があり、包丁があります。容易に近づくことができないようにすることが大事です。また、薬やたばこなどを誤飲してしまうこともあります。子どもの手の届かないところに置いておく必要があります。そして、外となると、より一層危険です。大人にとっては全く危険ではない側溝でも子どもにとっては命に関わることがあります。幼児と道路に出る時は、幼児と手をつなぎ、車道側は大人が歩くようにすることも大切です。健康管理ということでは、コップを共用しないことだけでも感染症を防ぐ手立てになります。さらに、病気になってしまった時の対応も大事です。娘がお世話になった小児科医の本に、脱水症状の時と意識がない場合以外は、あまり病院に連れてこない方がよいと書かれていました。弱っている子どもにとって、病院が一番危険だそうです。解熱剤もあまり使わない方がよいとも書かれていました。子どもの熱を下げる自己治癒力をなくしてしまうからだそうです。また、病気の時、子どもは親に甘えられるということがあります。それも子どもにとっては大切なことかもしれません。身体を気遣うことは、心を気遣うことであって、それらは、鷲田の言っている、存在を気遣うということです。

「身心の養育」ということでは、乳児であれば「スキンシップ」が大切ですし、子どもにとって「家族団欒（だんらん）」ということも大事です。食事は単に体に栄養を供給するだけではなく、愛情を感じる機会でもあり、心も育てます。

「保護」「身心の養育」「遊び」「躾」すべてにおいて大切なことは、鷲田の言葉（前掲書六九―七〇頁）を借りれば、「生きるということが楽しいものであることの経験」を子どもにさせられるかどうかではないかと考えます。哲学者の永井均（ながいひとし）も同様のことを書いています。「子どもの教育において第一になすべきことは、道徳を教えることではなく、人生が楽しいということを、つまり自己の生が根源において肯定されるべきものであることを、体に覚え込ませてやることである。生を肯定できない者にとっては、あらゆる倫理は空しい。この優先順位を逆転させることはできない。」（『これがニーチェだ』講談社現代新書、二三頁）

次に、「遊び」と「躾」を通して「個性化」と「社会化」を見ていきます。乳幼児は、声を出したり、身体を動かしたりすることを心地よく、楽しいものと感じています。意味もなく大きな声を出したり、むやみに身体を動かしたりします。そして、幼児になると、自己の好奇心や探求心を満たすことが楽しくなります。これらは、後の自己実現、「個性化」へとつながっていく大事なことです。解剖学者の養老孟司(ようろうたけし)は、昆虫採集を趣味にしているそうですが、小さい頃から虫が好きで、開業医をしていた母親が往診に出かける際、養老孟司少年が庭の虫に夢中になっていて、二、三時間して母親が帰って来た時も同じように虫に夢中になっていたので、母親にひどく心配されたという話をしていました。

「遊び」は「個性化」に関係するだけではなく、同時に「社会化」にも関係しています。幼児は、一人でブランコ遊びをしている時はすぐに飽きてしまうものですが、一つしかないブランコに乗っていて、乗りたそうな子が来ると、なかなかやめようとしません。そんな時に、周りの大人が「あの子も乗りたそうだから、三十数えたら、代わろうか」と声をかけてやると、渋々(しぶしぶ)ながらも譲(ゆず)ることになります。このブランコなどの「代わり番こ」は、自分と同じ気持ちの相手の立場に立つ「相互性」といった「社会性」を育てます。また、「キャッチボール」などは、相手が受けやすいように投げなければならないし、相手が投げやすいように構(かま)えなければなりません。自分とは異なる役割の相手の立場に立つ「相補性」といった「社会性」を育てます。そして、「ままごと」などの「ごっこ」遊びは、自分とは異なる他者の立場に立つ「想像性」といった「社会性」を育てます。蟻(あり)を見ていた子どもが急に「怪獣だ」と言って、蟻を踏みつぶしたという話を聞いたことがあります。いい子はそんな残酷なことはできませんが、怪獣だったら、無慈悲にも蟻を踏みつぶすことができるという訳です。

さらに、複数の子どもたちの「遊び」は、一緒に同じ「遊び」をする子どもたちの間の「共感」や「共有」といった楽しさを味わわせてくれます。この楽しさは「個性化」にとっても「社会化」にとっても大変重要なことです。

また、昆虫採集、魚釣り、畑仕事、家畜の世話といった「遊び」は、狩猟、漁労、農耕、牧畜といった「労働」に結び付く「社会化」といった側面ももっています。それと同時に、それらの「遊び」の楽しさは、「労働」の楽しさに通じるものがあります。

最後に、「躾」についてです。発達心理学者の岡本夏木(おかもとなつき)は『小学生になる前後』(岩波書店)で、躾は「『仕付け(仮縫い)』であって『本縫い』ではない」ということを書いています。すなわち、躾は、親が「仮縫い」のように「仕付け」糸で要所を仮に留(と)めておくことであって、あくまで「本縫い」は子ども自身がするもので、「本縫い」が終わったら、「仕付け」糸ははずされる、あるいは自然にはずれるものでなければならないということです。「躾」は子どもをがんじがらめにするものであってはならないのです。「躾」は、子どもに食事や排泄や衣服の着脱といった基本的な生活習慣を身に付けさせることで、「社会化」を意味しています。しかし、この「躾」が楽しいものであるということはあまり意識されていません。基本的な生活習慣を身に付けることは、子どもにとって自分一人でいろいろなことができるようになることで、つまり自立です。これは、子ども自身にとってとても嬉(うれ)しいことであって、喜びです。そして、子どもが自立することは親にとっても嬉しいことで、喜びです。さらに、親が自分のことで喜ぶことは、子どもにとって二重の喜びになります。このように、「躾」には、子どもの喜び、親の喜び、子どもの二重の喜びと、楽しい側面が多々あります。この楽しさも「社会化」にとって重要な契機になります。そして、もしこの楽しさを味わえないとしたら、大変なことも多い子育てにとってもったいないことであると考えます。

10　家庭教育の方法①

家庭教育の方法として、まず「躾（しつけ）」の仕方を考えたいと思います。基本的な生活習慣を身に付けさせる躾の方法としては、「子は親の背中を見て育つ」と言われるように、親が手本を示すことが何より大切であると考えます。そして、「躾」は「仕付け（仮縫い）」であって仕付け糸で軽く留（と）める程度に考え、相手の立場に立って相手を思いやって自分の行動を適切にコントロールできるようになる「本縫い」は子自身がするものと考えた方がよいです。したがって、「躾」の仕方として、注意する、叱（しか）る、あまり感情的にならずに怒（おこ）ることは必要な場合もありますが、「体罰」や「言葉の暴力」は決して加えてはならないことです。子にとって親の存在は、たとえば親が一六〇cmで子が八〇cmとすると、子にとって親がどれほど大きな存在かは、親が三二〇cmの大男、大女と対しているようなものです。親が一六〇cmで子が一〇〇cmでも、二五六cmの大男、大女と対していることになります。存在だけで、充分脅威です。

「体罰」や「言葉の暴力」の要因として考えられることに、親が子の行動やその意味を「理解」できないということがあります。飲み物をひっくり返す癖のついた二歳の娘に「体罰」を用いた母親の例を使って説明します。母親は「飲み物をひっくり返す癖」を「悪いこと」と「理解」したので、「悪いこと」を矯正するために「体罰」を用いたようです。もちろん最初は、注意したり、叱ったり、怒ったりしたのかもしれません。それでも直らなかったので、「体罰」を用いたのだろうと思います。それに対して、様々な反響があり、その中に、七〇歳の保育園長からの「二歳の娘が飲み物をひっくり返す」ことは「悪いこと」ではないという指摘があったのです。「二歳の子どもが飲み物をひっくり返すのは悪い癖でも何でもありません。ごく当たり前の発達です。(中略)一つのことを探求して満足すれば必ず次の行動に移り、新しい経験を広げます。ジュースびんからコップへ、ご飯のみそ汁の中へ、さらに牛乳を入れ、テーブルにジャー。もし、ダメ!とか理くつで禁止されればいつまでも同じことをやるか、人のいない所でやります。おとなしい子なら無気力になるでしょう。大事な探求心を伸ばすチャンス、しかることよりも、しかるようなことを何故するようになったかを考えてあげて下さい」。すなわち、「二歳の娘が飲み物をひっくり返す」ことは「悪いこと」ではなく、「好奇心」「探求心」を満たしているのであって、二歳児の「発達」であるという「理解」です。子どもの「理解」には、子どもの「発達」についての知識が必要であり、親が自己の「理解」を疑ってみることも必要であるということです。

こうして、「理解」が変わると、「対応」が変わることになります。それでは、このような場合、どのような「対応」をしたらよいのか、三五歳の主婦からの投書を紹介します。「確かに幼児のすることとは親にとって迷惑この上ないことばかりです。私も二人の息子にイヤというほど経験させられました。（中略）おそらく二歳の娘さんにとっても、器の中のものが傾けるとこぼれるということがすばらしく楽しい発見だったのではないでしょうか。どうして元に戻らないのだろう。どうしていろんな形になるのだろう。彼女の頭の中にはきっとそんな不思議がうず巻いているのだろうと私には思えるのです。ただ、やっぱり母親には困ることなのだということはわかってほしい。せいいっぱい困ったわ、という表情を見せながら、ふきとるところを見せてあげれば、あとは時間が解決してくれるのではないでしょうか」。（「朝日新聞」一九八五年二月二二日）「困ったわ」という母親の心情を素直に「表現」して、「ふきとるところを見せる」。そうしたら、子どもも母親の「困っている」ことを「理解」して、大切な母親が「困っている」のだからと、母親のことを考えて自分の行動を自制的に変えるのではないかということです。今度は、子どもの「理解」を通して、子どもの「対応」が変わるということです。

「理解」が「対応」を変える例として、山本おさむの「事実に基づいたフィクション」の漫画『どんぐりの家』の清くんとお母さんの話をします。清くんは、お母さんと一緒に、「聴覚障害の他に、知的障害、情緒障害などをあわせ持つ重複障害児のクラス」である「ろう学校（現在の聴覚支援学校）の幼稚部」に通っています。清くんは、「自閉傾向が強く」、「石を集めるのがとにかく好きで」いろいろなところに石を並べて、その石をじっと眺めていることがあります。清くんの家はパン屋さんなのですが、ある時、お店のパンの棚にズラッと石を並べて、大変なことになります。困ったお母さんはいろいろ悩んだ末に、清くんを施設に入れようと決心して学校の先生にその話をしての帰り道、清くんが跨線橋（こせんきょう）の欄干（らんかん）の上にいつものように石を並べ出します。並べた石をじっと見ている清くんを後ろから膝（ひざ）をついて抱きしめたお母さんは、「今度の電車がきたら、遠い所へ行っちゃおうか」、清くんの好きだった死んだおじいちゃんもいるし、と思ったその時、お母さんは、清くんが並べた石の向こうに美しい夕焼けを見ていることに気付きます。そして、お母さんの「理解」が変わります。清くんは美しい夕焼けを橋の下の方にあって見ることのできない石にも見せてあげて、一緒に見ている。お母さんは、清くんが「困った子」ではなく、「心優しい子」なのだという「理解」に変わるのです。そして、清くんを施設に入れないと決心したお母さんは、清くんをどこへでも散歩に連れ出していろいろなことを語りかけるようになります。こうして、清くんに対する「対応」が変わったお母さんに応えるように、清くんの「対応」も変わっていったというのです。

「理解」するということは大変なことですが、いつも注意深く「理解」しようとすることがいかに大事かということです。小学校入学前の聴覚障害児のことばの指導をしていた妻から聞いた話を紹介します。指導をしている子どもの母親が妻に風鈴（ふうりん）の入った立方体の箱を渡そうとしたら、傍にいたその子どもがとって放り投げたのだそうです。その時、母親は「何するの」と言って叱るのではなく、「…ちゃん、それはサイコロではないんだよ」と言ったそうです。母親は、その子がサイコロに興味をもちサイコロ遊びをよくしていたのを見ていて、その箱をサイコロだと思い込んでいるとわかったということでした。子どもの行動の意味を「理解」していたのです。

「体罰」や「言葉の暴力」の要因の一つに、親が自分の感情を子に適切に「表現」できないということがあります。この心情の「表現」の難しさについて考えてみます。親が仕事から疲れて帰宅する。子どもは、親に遊んでほしくて、からんでくる。そんな時、親が「うるさい」「あっちへ行け」と「表現」すると、子どもは、親に「嫌われた」と感じることになってしまって、親の「仕事で疲れ切っている」という心情は「理解」されないことになります。そこで、親の心情を素直に「仕事から帰ったばかりで疲れているから、少し休ませて、元気になったら、後で遊ぶから」と「表現」すれば、子どもは親に「嫌われた」と感じることなく、親の心情を「理解」して行動することになります。(近藤千恵(親業訓練協会理事長)の記事(「朝日新聞」一九九八年五月三一日)を参考にしています。)

「理解」や「表現」ということを考えただけでも、親になるということは大変なことです。親にも子にも「なる」存在であるとはそのようなことです。そして、家庭教育の方法の基盤を成しているのが親子関係ではないかと考えます。いかなる方法も良好な関係のないところではその意味を成しません。子にとって親はどうあってほしいのか。作家の柳美里(ゆうみり)は小説『ゴールドラッシュ』(新潮社、二七〇頁)で、子が求める親を「信頼できる強いおとな」「やさしくあたたかい手で庇護(ひご)してくれるおとな」「決して裏切らずすべてを受け容れてくれるおとな」と表現しています。作家の村上龍(むらかみりゅう)は小説『だいじょうぶマイフレンド』(集英社文庫、四一頁)で、子にとっての親を「自分を必要とする者」「俺が今こうやって石と草を踏んで歩くのを、景色の一部としてではなく眺めてくれる人」であると書いています。言うまでもないことですが、子にとっての親も、親にとっての子も、かけがえのない特別な存在です。娘の小学三、四年時の担任だった先生の保護者に向けた言葉を思い出します。「授業参観とか運動会とか学校の行事には、お仕事とかお忙(いそが)しいとは思いますが、ちょっとの時間でもいいですから、見に来てください。子どもたちにとって、親に見てもらうということは特別なことですから。」

また、村上龍は小説『長崎オランダ村』（講談社文庫、三一―三二頁）で、親子関係にとって「大切なのは、話すことやなくて、一緒に、楽しい時間を過ごすことと思うね、物理的なある時間、充実した、充分な時間、それを一緒に過ごして、こいつといる時が一番いい、とお互いに思わんやったら、親子だろうが、夫婦だろうが、飼い主と犬でもうまくいかんと思うよ、（中略）ある時間、充実した時間を一緒に過ごした者どうしだけが、何かをわかり合えるわけやろ?あ、この人は自分と居て楽しいんだな、とか、自分はこの人と一緒の時楽しんだな、とかね」と書いています。こういった関係の上ではじめて家庭教育の方法、躾の仕方も有効に機能するのではないかと考えます。

そして、この方法は、一方的なものではなく、相互作用的なものであると考えます。樋口恵子(ひぐちけいこ)が「育児」は「育自」であり、「教育」は「共育」であると言っているのは、そのような意味であると理解します。「児（子）」を育てることは、「自分を育てること」でもあり、「教育」は「共に育つこと」であるということです。

11　家庭教育の方法②

今日の講義では、「躾（しつけ）」と称（しょう）して行われる「体罰」や「言葉の暴力」がいかに子どもの心や脳の機能を損（そこ）なうものであるかということを見ていきたいと思います。

まず、アリス・ミラーの「真の自己」と「偽りの自己」について「朝日新聞」（一九九三年一一月一日）の記事を参考にして紹介します。アリス・ミラーは一九二三年生まれで、約二〇年間、精神療法家として治療に従事し、その臨床経験から、大人が子どもに対して当然のように行っている「教育」や「躾」の中に、子どもを神経症にしたり犯罪に走らせたりする原因が潜（ひそ）んでいると主張しています。特に、ヒトラーら実在の独裁者や犯罪者の子ども時代を検証し、彼らの破壊衝動の源が、幼児期の心の傷にあることをテーマにした『魂の殺人』（新曜社）は欧米で百万部以上のベストセラーになったそうです。

乳幼児は、喜びや悲しみや怒りなどの感情も親の共感を得て、はじめて自分のものにしていくということです。感情は自然に生じるものではなく、親の共感があってはじめて芽生えるということです。親の共感を得られることによって、乳幼児は段々自分が何を感じ、何をしたいかを知っていくということです。こうして、確立されるのが「真の自己」です。この「真の自己」が確立している人は、ゆるぎない自己信頼感があり、情緒も安定しているということです。

ところが、子どもが楽しく遊んでいるのに、親が「行儀が悪い」などと言って一方的に叱（しか）ったり、滑り台が好きで遊んでいるのに、親が「服が汚れるからやめなさい」などと言って一方的に禁じたりすると、子どもは最初、親に対して怒りを感じます。しかし、その怒りも「いい子はそんなことはしないよ」（操作）や「言うことを聞かなければ、どうなっても知らないよ」（強迫）や叱責やさらには体罰などで禁止したとします。そうすると、子どもにとって、親の愛や保護を失うことほど恐ろしいことはありませんから、自分の本当の感情を段々抑圧するようになります。そこに生まれるのが「偽りの自己」です。「偽りの自己」が「真の自己」よりも優位になると、自分らしい感じ方を見失い、親の願望を自分の願望として感じるようになります。自己信頼感がなく、他人の要求に敏感に反応する傾向が強くなります。表面的には概してまじめで模範的ですが、内面的には空虚で、言い知れぬ不安や恐れに苛まれ、些細なことで落ち込みやすくなります。特定の個人や組織、思想信条などに服従してしまうこともあるそうです。また、意外な脆さや攻撃性も抱えていて、ちょっとしたことで「キレル」こともあるようです。

　こうした「偽りの自己」が優位を占めている子どもが、自分に禁じられたことをする他の子どもに遭遇した場合、どうなるかというと、楽しみを禁じられた無力感を感じ、禁じられたことをする子どもへの羨望や「いい子はそんなことはしないよ」といった軽蔑やさらには攻撃心を懐くことになるということです。自分が許されなかったことを他人が楽しくしているのを見ることくらい憎悪や不安をかきたてられることはないし、自分の些細な行動で人が右往左往するのを見ることほど、自分を力強く感じることはないとのことです。これは、自分が受けた抑圧や精神的な傷への無意識の反応だそうです。「偽りの自己」の優位な人は極端な場合、ノイローゼや心身症に陥ったり、薬物依存症や自殺などの自滅的な行為や、犯罪や殺人など他者を傷つける行為に走ったりすることもあるとのことです。

そのような人が親になった場合、自分の子どもを表面上は「躾」や「教育」の名の下に自分がされたように無自覚に迫害したり虐待したりして、子どもの中に「偽りの自己」を育ててしまうことがあると理解されます。また、そういった人が教育者や政治家などになった場合も、被教育者や国民に同様のことをする可能性があります。自己の過去の無意識の心的な傷が原因と考えられます。教育者になりたいという動機がこの無意識の傷から生じていないかどうかを意識化することが大切です。

次に、森田ゆり『子どもと暴力』(岩波現代文庫)から引用したいと思います。子どもは「比較や期待過剰な愛や、差別や偏見や、子どもだということによる見下しや、虐待やその他の暴力を受けることで、ありのままの自分を否定される」(八二頁)。「虐待は勿論だが、親の期待や過度の干渉を受け続けている子どもたちも、親の期待に沿えなくても自分は充分に価値ある存在だとの自尊心を奪われてしまいます。実はこのような親自身が自尊心を欠如している人たちであることは言うまでもない。子どもに過度の期待と干渉をする親は自分の果たせなかった夢を子どもに託し、大人としての今の自分に自信が持てず自分に不満足である分、過干渉で子どもを大切にしているという錯覚に陥っている。」(八二―八三頁)「自分自身を大切にできなければ、人を本当に大切にすることなどできない。」(八三頁)

「暴力をふるう人は、自分の心のちからを奪われてきた者たちである。殴られる、無視されるなどの身体的、心理的な暴力を受け続けた子どもは、一様にこのちからを奪われている。人間が健康な心を持つためには、周りからありのままの自分を認められ、尊重されて育つ体験が不可欠である。この体験で得られるのが自尊という心のちからだ。このちから故に人は外からの攻撃や抑圧や扇動に対して自分を守ることができる。しかし暴力を受け続けると、人は自分を無価値だと思い込み自尊心を失ってしまう。自尊の心を奪われた人は自分をいじめ傷つけるか、あるいは他者を傷つけ攻撃することで他者から力を奪おうとする。」（二一四―二一五頁）

最後に、小児精神科医で、福井大学子どものこころの発達研究センター教授である友田明美（ともだあけみ）の『虐待が脳を変える』（藤澤玲子（ふじさわれいこ）との共著、新曜社）の内容を簡潔に紹介した「朝日新聞」（二〇一八年五月二六日）の記事を取り上げます。

厳（きび）しい体罰を受けた人は、学びや記憶に関わる脳の「前頭前野」が委縮し、感情や思考をコントロールして行動を抑制する力に関わる脳の部位も小さくなっていたそうです。暴言を受け続けた人は、コミュニケーションのカギを握る脳の「聴覚野」が変形していたそうです。「言葉の暴力」は、身体的な暴力よりも脳へのダメージがはるかに大きいことを示しています。家庭内暴力（ＤＶ）を目撃した人と性的虐待を受けた人もそれぞれ脳の「視覚野」が縮小していたとのことです。見たくない情景の詳細を見ないですむようにと適応が行われていると考えられます。

人間の脳は、生まれた時三〇〇グラムくらいですが、様々な体験をして成熟していきます。その大切な時期に強いストレスがかかると、苦しみを回避しようとするかのように脳が変形してしまうのだそうです。その脳の傷によって、後に暴力的になったり、感情を制御できなくなったり、人間関係が上手くとれなくなったりするとのことです。また、薬物依存やうつ（鬱）病などにもなりやすくなるそうです。

友田は、どんなことがあっても「体罰」や「虐待」は絶対にダメであるという認識を社会で共有する必要があると考え、「体罰」や「虐待」という言葉の代わりに「マルトリートメント」（不適切な関わり）という言葉を使っています。暴力はもちろん、「こんなこともできないの」「おまえなんか、産まなきゃよかった」などと貶(おとし)めたり、侮辱したりする言葉も他の子や兄弟との比較もこの「マルトリートメント」（不適切な関わり）です。また、子どもにスマホを与えっぱなしにしたり、自分がスマホを見っぱなしで子どもをほったらかしにしたりするのも「マルトリートメント」です。親の思い通りに子どもを動かそうとするのも「マルトリートメント」です。

友田は、この記事の最後で「傷ついた脳は傷ついたままなのでしょうか」という記者の問いに対して「回復します。でも、トラウマ（精神的外傷）治療のほか、安定した環境や愛情の再形成が必要です」と答えています。

12　学校教育の理念

「学校教育の理念」は、基本的には「家庭教育の理念」と同じです。家庭における教育作用の「保護・

身心の養育」「躾」「遊び」に対応して、学校の教育作用は「身体の教育」「心の教育」「頭の教育」であると考えることができます。「保護・身心の養育」の延長線上に「身体の教育」が、「躾」の延長線上に「心の教育」が、そして「遊び」の延長線上に「頭の教育」が位置付けられることになります。

まず、「身体の教育」です。これは、一人ひとりの存在が「かけがえのないもの」であるということを被教育者に伝え、自分の身体を守るための教育です。この教育を通して「人間の尊厳」「自尊心」といったことも育てることになります。具体的には、交通安全教育や水難防止教育（着衣泳）などの安全教育、給食指導（「食育」）、タバコの害の教育や薬物中毒防止教育、病気予防教育（感染症対策やエイズ予防教育など）や自殺予防教育などの健康教育、子どもへの暴力防止教育（家庭内での「虐待」や不審者の暴力から身を守るための教育）、そして環境教育などです。小学校に入学すると、はじめに交通安全教室が開かれます。その際、どれだけの教育者が被教育者に一人ひとりの存在が「かけがえのないもの」であるということを伝えているでしょうか。給食指導もそうです。環境教育に関して、気仙沼の「牡蠣の森を慕う会」代表の畠山重篤さんは「環境を少しでもよくするには、遠回りのようだが、子どものころからの教育こそが、もっとも近道である」と述べています（「朝日新聞」一九九五年一〇月三〇日）。これらの教育は教科以外の時間に為されることがほとんどですが、教科としては、保健体育や家庭科ということになります。

次に、「心の教育」です。これは、「みんな一緒で」「みんななかよく」ということではなく、いろいろな意味で自分と異なる人ともどうにかうまくやっていくための教育です。自分と異なる他者と関わり、共生するためには、他者の「理解」と他者との意思疎通のための「表現」が必要になります。他者を「理解」し、他者の立場に立って、あるいは他者を思いやって、自らの行動をコントロールできることが求められます。教科としては、言葉の「理解」と「表現」に関わる国語が大切になります。また、他者の「理解」ということでは、保育所・保育園実習や幼稚園実習を通した乳幼児理解、ハンディキャップ（不利な条件）教育を通したハンディキャップ理解、高齢者介護体験を通した高齢者理解などが必要になります。

乳幼児理解ということで、こどもの城小児保健部長であった巷野悟郎さんは、「子どもを知らないお母さんが増えている」「一八歳、一九歳になるのに赤ちゃんを抱いたことのない人が三〇％いる」「日本では、高校までの間に子育ての勉強はほとんどしていない」のに対して、「スウェーデンでは、義務教育の中で徹底的に教えられる」ためか、「日本では、子どもが夜熱を出せば救急車を呼ぶ母親が多い」のに「スウェーデンでは少ない」と述べています（「朝日新聞」一九九三年一一月二九日）。

ハンディキャップ教育に関しては、ハンディキャップをもつ他者の身になってみる体験が必要です。たとえば、アイマスクと杖を使っての目の見えない人の体験、耳栓を使っての耳の聞こえにくい人の体験、車いすを使っての車いすの利用者の体験などができます。体験してはじめて「理解」することも多いと思います。ニュージーランドの小学校では、包帯をもって登校する日があるそうです。手でも足でも、右利きなら右手というふうに、利き手利き足に包帯を巻いて、一日、字を書く時、昼食をとる時、歩く時、包帯を巻いた手や足は使わない。そうして、身体の不自由さを体験するのだそうです。ちなみに、ニュージーランドでは、この包帯体験をしたくない児童はしなくてもよいそうです。義務や強制ではなく、判断は一人ひとりの考えに任(まか)されているとのことです。(「朝日新聞」一九九五年一一月一日)日本のボランティア教育が強制であるのとは対照的です。

ハンディキャップ理解ということで、「理解」と「対応」の難しさについてスウェーデンのゴスペル(福音歌)歌手のレーナ・マリアさんの話をしたいと思います。彼女は生まれつき両腕がなく、左足も不自由で、使えるのは右足だけです。彼女が日本に来た時、レストランで彼女のコップにだけストローが付いて出てきたそうです。また、肉料理を注文した時には、肉を切って出されたそうです。でも、彼女は右足を使って水をコップから飲むことができますし、右足を使って肉を切ることもできるそうです。彼女は「最初にどうしてほしいか聞いてほしいです」と話しています。(「朝日新聞」一九九六年九月二一日)

また、「対応」の難しさということについて、永六輔(えいろくすけ)さんがラジオでしていた話を紹介します。彼が講演に行った時、目の前に片腕のない人が座っていたので、思わず「その腕どうしたのですか」と聞いたのだそうです。そうしたら、その人がどうして腕がなくなったかという話をして、その最後に「聞いてくれて、うれしかった、いつも、他の人は腕を見て見ぬふりをする、それが本当につらかった」と話したのだそうです。

さらに、ハンディキャップがあることは不幸であると決めつける人がいます。三重のハンディキャップのあったヘレン・ケラーの言葉です。「障害は不便です。だけど、不幸ではありません。」ハンディキャップがなくても幸福な人も不幸な人もいます。ハンディキャップがあっても同様です。決めつけも、「理解」と「対応」の妨げになります。「心の教育」に関わる教科としては、道徳、家庭科、国語、社会科があります。

最後に、「頭の教育」です。この教育は、教科学習指導が中心になります。学校というと、この教育だけを考える人がいますが、「身体の教育」と「心の教育」の上に成り立つ教育であると考えます。そして、「頭の教育」は、国語が他者との関係における「理解」や「表現」を可能にするように、実は「心の教育」とも「身体の教育」とも深く関わっています。

教科学習指導において大切なことは、学び方を学ぶということです。これは、独学や学習の継続を可能にします。学び方の学習指導において大事なことは、各教科の楽しさに気付かせるということです。教育者は、各教科の本質的な面白さを被教育者に伝えることが重要です。伝えられない場合でも、教育者は各教科の楽しさを被教育者から奪ってはいけないということです。私は、小学校四年生の音楽の時間に、みんなの前で先生から「音痴だ」と言われ、それ以来、人前で歌が歌えなくなった経験があります。音楽は、字のごとく「音を楽しむ」ということが教科の本質的なことです。うまくなくても、歌うことは楽しいことです。しかも、音痴を直す唯一の方法は、正しい音を聞いて下手でも歌い続けること以外にはありません。学校教育で楽しさを伝えられないとしても、将来、独学によって各教科の楽しさに気付く可能性を閉ざすことになってはなりません。そして、この本質的な面白さが学習の継続を可能にします。

教科の学習においては、「協同的な学び」が必要です。わからないことが出てきた時に、「ねえ、ここどうするの?」と「聴き合う関係」が被教育者の間で成り立つことが大切になります。教育学者である佐藤学（さとうまなぶ）は『学校を改革する』（岩波ブックレット）で、わからない子どもには「自らの力で窮地を抜けだす能力、すなわち他者を信頼し、他者に援助を求める能力を育てなければならない」（三一頁）し、「その援助の言葉を受けて、わからない子どもは懸命に思考しなければならない」「この他者の援助を媒介にすることによって、わからない子どもは一人で学ぶことの限界を超えることができる」（二七頁）と記しています。さらに、この関係は、わからない子どもにだけではなく、わかっている子どもにも恩恵をもたらす「互恵（ごけい）的な関係」であるということを次のように述べています。「わかっている子どもは、わからない子どもへの応答によって、「わかり直し」を経験しているのである。〈わかる〉にも、いくつかのレベルがある。わかってできるレベル、わかっていることを説明できるレベル、わかっていることを教えることができるレベル、さらにその上に、わかっていることでわかっていない子の問いに対応し、援助できるレベルがある。わからない子どもの問いに対応することによって、わかっている子どもの側がいっそう恩恵を受けることは多い。」（前掲書二八頁）

このように、教科学習指導においてわからないことをわかるようにする努力は大切であると考えます。しかし、全員が一〇〇%わかるということは難しいことです。大人は、学校で学習したことを一〇〇%理解して、現在生きている訳ではありません。多少わからないことがあってもどうにかして生きています。そこで、わからないことが多少あってもどうにかやりくりしてやっていけるということを学ぶことも教科学習指導では最終的に必要であると考えます。

そして、学習することは、学習した自分が変わることです。学習を通して、自分の考え方、行動、そして生き方が変わることです。学習によって、自己理解や自己表現が可能になり、自己実現、「個性化」ができるようになります。それと同時に、他者理解も可能になり、社会性も身に付きます。教科学習指導は、入学試験のためだけにあるのではないということを決して忘れてはならないと考えます。

13　学校教育の方法

学校教育の方法は、基本的には家庭教育の方法と変らないと考えます。家庭教育の方法が有効に作用する基盤として親子の良好な関係が必要であったように、学校教育においても方法が機能するためには「ある時間、充実した時間を一緒に過ごす」といった教育者と被教育者の良好な関係が不可欠です。具体的に言えば、教育者と被教育者の相互の理解と信頼の関係です。しかし、この理解と信頼の関係は、容易に築けるものではありません。時間が必要です。それゆえ、これは、そのような関係を築けるように目指すといった意味で「方向性」や「理念」を示していると言えます。「方向性」や「理念」は現実の関係を規定しますので、大切なことです。

ところが、現実の学校においては、往々にして教育者と被教育者の関係が命令と服従の関係になってしまっています。教育者は被教育者に命令して被教育者が服従しない場合、被教育者に「言葉の暴力」や「体罰」を加えることがあります。命令と服従の根拠として持ち出されるのが「校則」です。中学校、高等学校では「生徒手帳」があって、そこには「制服」の規定をはじめ、被教育者が従うべき細かな規則が明記されています。現在、「ブラック校則」とさえ言われています。ルールや規則や法律は、そもそも何のためにあるのか。弱い立場の人を守るために、他者との関係をスムーズにするために、公平を保つためにあると考えます。ちなみに、この「制服」は元々「軍服」がモデルですし、「生徒手帳」は「軍隊手帳」に由来すると言われています。しかし、学校は軍隊ではありません。

実は教育者による「体罰」は、「学校教育法」という法律で禁止されています。「校長及び教員は、教育上必要があると認めるときは、文部科学大臣の定めるところにより、児童、生徒及び学生に懲戒を加えることができる。ただし、体罰を加えることはできない。」「懲戒」とは、日常的な学校生活における、居残りや宿題や掃除をさせること、立ち歩きの多い子を叱って席につかせること、部活の練習に遅刻した子を試合に出さないこと（文部科学省が二〇一三年に示した例）などから停学や退学までです。「体罰」として二〇一三年に文部科学省が例示したのは、殴る、ける、頬をつねる、頭を平手でたたく、ペンを投げて当てる、長時間の正座や直立、用便や食事を禁じるなどです。同様に「正当な行為」として文部科学省が示したのは、他の子や教師に暴力をふるう子の体を押さえつける、全校集会を妨げる子の腕を手で引っ張って移動させるなどです。したがって、教育者が被教育者に対して「力の行使」が許されるのは、「正当防衛」と「暴力行為の制止的行為」（上述の「正当な行為」）

のみで、教育者の「体罰」は、暴行罪や傷害罪といった犯罪ということになります。
誤解されている人もいるかと思うのですが、こういった法律は、戦後にできたものではありません。明治時代に近代的な教育制度ができた当初からあった法律です。明治の「教育令」（一八七九）にすでに「およそ学校においては生徒に体罰（中略）加ふべからず」（加えてはならない）とあります。ところが、被教育者には「校則」を根拠にして服従を求めていながら、教育者は平気で法律を破っているのです。しかも、日本ではおかしなことに、これまで「体罰」を行った教育者がほとんど罰せられてきませんでした。アメリカやカナダなどの他の国では、教育者は「体罰」で職を失い、さらに逮捕、裁判、罰金や服役といった刑事罰を科されることになるそうです。

児童心理学者の深谷和子は「体罰問題を起こしやすい教師のタイプ」として「未熟である」ということを挙げ、「子どもを殴ったときは、子どもでしかなく、体罰とは教師であることを失格した状態で行われる」と書いています（「別冊指導と評価1 体罰を考える」図書文化社）。また、教育者が被教育者に「なめられる」といった強迫観念が強い場合があるとも指摘しています。このことに関しては、政治学者の辻清明の「いかなる地位にあろうと、その地位に期待されるだけの働きを示したとき、そこに権威が生じる」という言葉が参考になると思います。教育者の権威は「体罰」では決して生まれません。教育者が教育者として期待されるだけの働きを示した時に、教育者の威厳は自然に生じるのです。

そして、「体罰」以上に心理的には強烈で、目に見えない形で心を破壊すると言われるのが「言葉の暴力」です。「バカだなあ」「バカ！あの高校にいけるか」「こんなものできないのか、バカ」「やってみるか、どうせできないだろうが」「あの人はできるのに、あなたはできないのね、全く」「あなたは何をやってもダメなのね」「おまえみたいな生徒はいない方がいい。早く学校やめろ」「死ね」「アホ」「まぬけ」「とりえなし」「また、おまえか」「おまえはやってもむだだから」「もう手おくれです」「ろくに勉強もできないのに」「やるだけむだだ。遊んでろ」これらは、中学生、高校生が教室で実際に先生に言われた言葉です。（「朝日新聞」一九八五年一一月二〇日、これまでの授業でも毎年のように、自分も同じような言葉を言われたことがあるという学生の感想が出てきます。）学習に関して否定的な言葉が目立ちます。なぜこのような言葉が必要なのでしょうか。学校教育の理念を考えるべきです。さらに、教育者は、言葉の専門家でもなければならないはずです。

学習ということで言えば、学校では教育方法として「試験（テスト）」が用いられます。このことに関して、鷲田清一は『「聴く」ことの力』（TBSブリタニカ）で以下のように記しています。「学校では、先生が生徒にいろいろ教える。そしてそれをちゃんと憶えたかどうか験す。そう、験すのだ。験すというのは、じぶんが知っていることを他人に知っているかどうか問いただすということだ。ふつう、訊ねるというのは、じぶんが知らないことを訊ねるものである。知らないから教えてほしいと、なにかを訊くのである。そこには知りたい、学びたい、教えてほしいという、他者への切なる要求や懇願がある。教えるほうにも、なにかを伝えたいという気持ちがあって教えるものである。」（二六六頁）「学校では、じぶんが知っていることを他人に訊くということが、まるであたりまえのことのように教師から生徒にむけてなされる。生徒への「信頼」はいつも括弧に入れられている。サスペンド（一時停止）の状態にある。そうして、験された生徒のほうは「訊かれた」ことに応えるのではなく、当たるか当たらないかというかたちで答えを意識する。正解なら、当たった、当たったとよろこぶのである。両者のあいだに、知りたい、伝えたいという、やみがたい気持ちはない。伝える／応えるというひととひととの関係が、験す／当たるという（「信頼」をいったん停止した）関係にすりかえられてしまっている。言ってみれば、知識が、ある鍵をもったものだけが開くことのできる所有物のように考えられ、そして教師がそれを管理する守衛や寮監のような役をしている。」（二六六—二六七頁）

「じぶんが知っていることを他人に知っているかどうか問いただすということ」は、日常的な場面ではいやらしい行為です。このいやらしいことが学校という場では「まるであたりまえのことのように」なされていて、しかも誰も疑問に思わないのです。本来、学校という場所では、被教育者にたとえば教科の本質的な面白さなど「何かを伝えたいという気持ち」が教育者にあって、被教育者には「知りたい、学びたい、教えてほしいという」「やみがたい気持ち」があって、「伝える／応える」ということが行なわれなければならないのに、現実の学校では、教育者が所有している知識を被教育者に彼らの「要求や懇願」とは関係なく一方的に教え、被教育者が教えられたことを「憶えたかどうか験す」のです。その際、被教育者は「当たるか当たらないか」だけを気にすることになります。「答える」と「応える」との間には大きな違いがあります。「答える」には正解がありますが、「応える」には正解はありません。一生をかけて教育者の教えに「応える」場合もあります。

「試験」は、学校教育の方法として欠くことができないように思えます。それでは、「試験」の意味を変えることはできないでしょうか。たとえば、教育者の伝えたことを被教育者がどのように理解したかということは、教育者にはわかりません。そのことなら、教育者は被教育者に「教えてほしい」と「訊ねる」ことができます。これは、いやらしい行為ではありません。また、被教育者が学習したことをどれだけ理解したかということは、自分でもわかりません。自分でどれだけ理解したか、自ら「験してみる」ことはいやらしいことではありません。他人と比較するための「試験」ではなく、自分を知るための「試験」と捉(とら)えれば、同じ「試験」でも違ってくるはずです。それでも、現在の学校教育は、入学試験が中心にあって、試験に合格することが目的になっています。「試験」という学校教育の方法を根本的に見直すためには、もう一度、学校教育の理念や本来の目的に立ち返ってみることが必要であると考えます。

14 近代教育学の成立の歴史①（ルソーとコンドルセとペスタロッチの教育思想）

ルソー（一七一二―七八）は、フランスの思想家です。彼の『社会契約論（民約論）』（一七六二）は、フランス革命（一七八九―九九）に影響を与えたと言われています。社会は国家（政府）と国民の間の「契約」で成り立っているという考え方です。それ以前の考え方は、「王権神授(しんじゅ)説」です。王の権力（「王権」）は、絶対的な神が王に授けたもの（「神授」）で、絶対的であるというものでした。「絶対専制君主」といった表現は、これに由来します。それに対して、「社会契約論」は、国家（政府）の権力は、国民が国家（政府）に与えたものであって、国家（政府）はその権力を使って国民の幸福を実現しなければならないというものです。もし、国家（政府）が国民の幸福を実現できなければ、国民は国家（政府）に対して「契約破棄（はき）」できるというものです。この「契約破棄」がフランス革命のような市民革命です。国民は、革命によって国家（政府）から権力を奪って、別の新しい政府に権力を与え、その政府が権力を使って国民の幸福を実現するという新しい「契約」を結べるというのです。現在では、革命ではなく選挙によって新しい政府を選んでその公約を実現してもらうことが「契約」に当たります。そして、政府によって国民の幸福が実現されるために必要なこととして考えられたのが、国民教育（公教育）です。国民の幸福に教育が欠かせないとしたら、その教育を政府が保障するという考え方です。

ルソーの教育思想の著作は、『エミール』（一七六二）です。どのような本かということを、岩波文庫の翻訳者である今野一雄（こんのかずお）は「心身ともに健康な、といっても、とくに生まれながらにすぐれた資質をもったというのでもない、エミールという生徒を、生まれたときから結婚するまで、一人の先生が自然という偉大な先生の指示にしたがって、どんなふうにみちびいていくか、というのが本の主なすじ」（『エミール（上）』岩波文庫、五-六頁）と紹介しています。ルソーは、「人間はよい者として生まれるが、社会は人間を堕落させる」ので、社会の悪い影響を排除して「子どもを自然の発育にまかせ、教師はただ外部からの悪い影響をふせいでやる」「子どもの生まれながらにもっている自然に即した教育」を重視しました。この「子どもの自然に即した教育」を「合自然の教育」と言い、「社会の悪い影響を排除する教育」を「消極教育」と言います。彼は、子どもが「人間の本性」を十分に知らないうちに子どもに「世間（社会）」を見せることは、子どもの未熟な感受性を堕落させるとして、社会経験による学習を否定的に考えています。

　ルソー以前の子どもは「小さな大人」として考えられていましたが、ルソーは、子どもを「子どもとして」捉え、子どもは大人へと成長し発達するという考え方を示しました。「発達（成長）」の段階を、「存在の時期」である「幼年期」と「少年期」、「感情の発現」の「思春期」、「感情の時期」の「青年期」とします。「幼年期」は「感覚的な生の段階」で、「快・不快の感覚」で「自愛（自然的な感情）」に基づいて自己保存や欲望の充足といった行動が生じます。次の「少年期」は「功利的な生の段階」で、「感覚的な理性」による適当か不適当かの判断に基づいて行動が為されます。この時期は、権利の相互承認や相互制限といった所有権の理解と交換の理解、家事労働における分業といった相互依存の理解が可能になります。「思春期」では、「同情」の感情が発現し、性的な成熟も見られます。「思春期」は「青年期」への移行の時期で、「青年期」では、「思春期」の「同情」の感情が「想像力」を媒介にして「人類愛」へと進み、内面的な感情である「良心」の発達や情念からの解放と情念の支配である「自由」を獲得し、「思春期」の性的な成熟が真の恋愛感情へと「感情的な陶冶（とうや）（形成）」がなされ、「正義」の理念や善き市民になるための政治教育を通して「社会性の陶冶」が為されます。このように、現在では当たり前になっている子どもの発達という考え方を、ルソーははじめて示しています。

ちなみに、「子供服」というのは、子どもを大人とは違った、成長過程にある存在として見ることからはじめて生まれました。子どもを「小さな大人」と見ていた時代には「子供服」はありませんでした。子どもも大人と同じ服装をしていました。(フィリップ・アリエス『〈子供〉の誕生』みすず書房)「子供服」はちょっとゆったりとしていて、成長にも活発な動きにも対応できて、汚しても洗濯できるような素材でできています。

コンドルセ(一七四三-九四)は、フランスの思想家で、フランス革命の理論的指導者の一人とされています。彼は、フランス革命後の議会で右派のジロンド党に近い立場だったのですが、左派のジャコバン党に捕えられ投獄されて獄中で自殺しています。自殺の翌年(一七九五)に出版されたのが彼の主著である『人間精神進歩史』です。彼はこの著作で、教育を受ける民衆の権利と民衆に教育を受けさせる政府の義務(責任)について主張しています。しかも、民衆の教育を受ける権利は、真理を学ぶ民衆の権利であって、政府にとって都合のよいことを教える権利を否定しています。これは、政府からの教育の独立という画期的で進歩的な思想を意味します。人間は、教育を通して真理を学ぶことによって進歩・向上し、あらゆる不当な束縛から解放されて幸福になることができると、コンドルセは考えました。さらに、彼は、真理を求めて思考することが大切なのであって、たとえ真理であっても単に他人から与えられた真理をそのまま信じることを否定しています。彼はあまりに時代を先取りしてしまっていたのかもしれません。ここに、彼の苦悩の原因もあったと考えられます。

ペスタロッチ（一七四六-一八二七）は、スイスの教育思想家で、教育実践家でもあります。彼の教育思想は「合自然の教育」や「発達に即した教育」という点で、ルソーの教育思想の影響を受けています。教育実践ということで言えば、ノイホーフの貧民学校での実践とフランス革命で生じた孤児のためにフランス革命政府が建設したシュタンツの孤児院での実践があります。

ペスタロッチは貧民や孤児の教育に当たったということから、「民衆教育の開拓者」と言われています。彼は、民衆が無知ゆえに、権力者や富者の悪知恵（わるぢえ）によって利用され、不利益を被り（こうむり）、貧者となって不幸な状態に置かれていると考え、この民衆の不幸を救うためには、民衆が教育によって学力を獲得することが必要であると考えました。学問を貧しい人々をあざむくための道具としてはならないのであって、貧しい人々が自らの無知や他人の悪知恵の不幸な道具となることから、真理や知恵の最初の基礎を彼らに与えることによって救ってやることが大切であり、一人の人間の利益のために、多くの人間を社会的な権利である教育を受ける権利とその行使の可能性から締め出している障害物を取り除いて、旧弊（きゅうへい）を改めたいと、彼は主張しています。

ペスタロッチは「合自然の方法」として、「直観から観念・概念へ」「観念・概念から思考へ」ということを提唱し、具体的な事物の観察である感覚的な「直観」（「直観」は直接観る、経験するということです）を重視し、それを通して「形」「数」「語」といった認識の基本的な要素を学ぶことができると考えました。この感覚的な「直観」を重視する方法を「実物教授法」と言います。この方法は、明治時代に日本に入ってきます。小学校では、標本や剥製（はくせい）などが多く集められ、授業で使われました。

ルソー、コンドルセ、ペスタロッチによって、国民の幸福を実現するための国民教育（公教育）の教育思想が示されました。彼らの考えた国民教育は、それまでの国家のために国民教育が必要であるといった国家の権利と国民の義務といった考え方を、国民の権利と国家の義務へと百八十度転換させました。彼らの教育思想が近代的な教育への道を拓いたと言えます。

15　近代教育学の成立の歴史②（カントとヘルバルトとナトルプの教育学）教育学の発展の歴史（教育学から教育科学へ）と現代教育学の課題

ドイツの大学においてはじめて「教育学」の講義を行ったとされている一人が、ケーニヒスベルク大学で哲学の教授であったカント（一七二四-一八〇四）です。一七七六年から一七八七年までの間の四学期、四回にわたって「教育学講義」を担当しました。講義は学期毎に哲学部の教授が交代で行ったそうです。この講座の開講は、東プロイセン政府の政令によるもので、その意図は、貴族の子弟を教育する優秀な「家庭教師」の養成にあったようです。カントは最初の学期、バゼドウの『方法書』（一七七〇）をテキストとしていたようですが、二回目の学期からは、政府の指示によって、ボックの『教育技術の教科書』（一七八〇）に変更されたとのことです。ただし、カントはテキストに厳密に従って講義をしていた訳ではないとのことです。（『カント全集17』（岩波書店）の「教育学」の翻訳者・加藤泰史による「解説」を参考にしています。）この彼の講義は、リンクによって講義草稿をもとに編集され、一八〇三年に『教育学』の題で出版されました。その「序説」には、「教育」について次のように記されています。「人間とは教育されなければならない唯一の被造物である。」「教育とは「養育（養護・保育）」と「訓練（訓育）」および「人間形成をともなった知育」ということを意味している。」（『カント全集17 論理学・教育学』岩波書店、二一七頁）そして、本論の内容は「自然的教育について」「こころの教育について」「実践的教育について」でした。カントは教育学を一つの独立した学問にしなければならないと考えていたようですが、実際は、どのように教育したらよいのかといった実践に重きが置かれたものでした。学問としての「教育学」（「哲学的教育学」）の成立は、ケーニヒスベルク大学でカント講座の後継者であったヘルバルト（一七七六–一八四一）や新カント学派に属したナトルプ（一八五四–一九一〇）においてです。

ヘルバルトは、学問としての「教育学」である「哲学的教育学」を成立させた最初の人です。彼の「教育学」は、カント哲学の影響が大きいのですが、「教育学」への関心は、二一歳から二四歳にかけて携わった家庭教師の経験にあったようです。家庭教師をしていた三人の子どもについての学習における変化の綿密な観察記録とそれぞれに対応した教育方法についての記述を体系化したものを三〇歳の時に『一般教育学』（一八〇六）として出版します。この著作でヘルバルトは、実際的な学問としての「教育学」の樹立の必要性を標榜し、学問としての「教育学」の自立性と独立性を提唱しています。また、彼は五九歳の時、『教育学講義要綱』（一八三五）を出版し、「学問としての「教育学」は実践哲学である倫理学と心理学に依拠している」と記しています。実践哲学（倫理学）が教育の目的を、心理学（表象心理学）が教育の方法を基礎付けると考えられています。教育方法として提示されたのが「明瞭」「連合」「系統」「方法」から成る「四段階教授法」と言われるものです。表象はまず「明瞭」に把握され、把握された表象は類似の表象と「連合」され、これらが論理的に「系統」付けられて、最後はそれが「方法」的に応用されるという教授法です。この方法は、ヘルバルト学派のライン（一八四七–一九二九）によって「予備」「提示」「比較」「概括」「方法」から成る「五段階教授法」となり、日本にも紹介されることになります。

ヘルバルトと同様にカントの系譜をひくナトルプは、個人主義的な立場のヘルバルトとは異なり、「教育は社会によって行われ、社会を目的とする」（『社会的教育学』一八九九）という立場から、教育の社会的な条件や社会生活上の教育的な条件を問題にしています。主著の『哲学と教育学』（一九〇九）でナトルプは、「教育学」は全哲学体系によって基礎付けられるべきであるとして、客観的で規範的な学問としての「論理学」「倫理学」「美学」と主観的で事実的な学問としての「心理学」の四つの学問を挙げています。そして、教育目的と教育方法は分離されるべきではないという立場を取っています。

「教育学」は、上述のヘルバルトやナトルプの「哲学的教育学」から「教育科学」へと変遷していきます。「教育科学」を提唱したのは、フランスの社会学者であるデュルケム（一八五八–一九一七）です。彼は、教育を社会的な事実として捉え、客観的な事実として実証的に研究することを主張します。ドイツのベルゲマン（一八六二―一九四六）は「社会的教育学」の立場で、「教育学」の基礎を生物学に求め、教育目的と教育方法を規定しています。また、モイマン（一八六二―一九一五）とライ（一八六二―一九二六）は、「教育学」は事実の領域に限定された経験的な研究でなければならないという「実験的教育学」の立場で、実験心理学に基礎を求めています。フィッシャー（一八八〇―一九三七）とロホナー（一八九五―一九七八）は、歴史的で社会的な事実としての教育を客観的に捉えて分析し記述する「記述的教育学」の立場をとっています。さらに、ドイツの哲学者であるディルタイ（一八三三―一九一一）は「生の哲学」の立場で、歴史においてすでにあった教育から出発して教育の実践の意味を解釈し改善することを目標とする「精神科学的教育学」を提唱します。フリットナー（一八八九―一九九〇）は、教育や教育学に関する文献を研究資料として解釈し、歴史的に考察して新たな意味付けを行い、定式化して実践に役立てる「解釈学的実践的教育学」を提唱しています。

日本ではこれまで、欧米を中心とする教育思想や教育に関する哲学思想、そして様々な「教育科学」を受容し、それらに依拠した研究が行なわれてきました。

最後に、現代教育学の課題をまとめておきたいと思います。課題の一つとして、教育の「本質」や「理念」を明らかにしようとする研究が何よりも大切であると考えます。ただし、この研究は単に「本質」や「理念」だけを求めるのではなく、たとえば「いじめ」や「児童虐待」、「体罰」、「不登校」、「入学試験」といった現在の具体的な個々の教育問題に対応する研究の中で求められるものでもあると考えます。その際、「教育学」以外の社会学や心理学や精神医学といった様々な学問（科学）の成果に基づいて研究がなされることが必要です。これが課題の二つ目です。

そして、何が問題なのかという問題設定を大切にすることです。社会では、問題を問題としていない場合があります。たとえば、「躾」や「体罰」や「虐待」です。「体罰」や「虐待」をするような「躾」なら、しない方がよいとか、「躾」より、子どもを受容し、愛し、子どもと楽しむことの方が教育的であるといったことです。また、「体罰」がいかに子どもの心と脳を損なうものであるかということです。さらに、「比較」や「無視」も「虐待」に当たるといった認識です。社会の人々の意識や認識を変えていく役割が現在「教育学」にはあると考えています。これが課題の三つ目です。

そうして、問題を問題として設定したなら、当然その問題を解決する方法を模索しなければなりません。最初の講義で「入学試験を中心にして、学校教育が、そして教育が考えられているということ」を「現在の教育の問題点」として挙げました。たとえば、この「入学試験」の問題です。歴史的に長く続いてきた制度を変えるということは大変難しいことではあります。しかし、中学校の三年目に高校入試で、高校の三年目に大学入試ということで、それぞれの最後の一年は「入学試験」のために使われています。それだけではなく、学校教育の全体が「入学試験」に合格するために組まれているようにさえ見えます。これでは、常に他者との「比較」にさらされ、落ち着いて学校生活を楽しんだり、様々なことを学んだりすることなどできません。このような中で「いじめ」や「不登校」といった問題も生じている可能性があります。この解決策として、高校入試をなくすことが考えられます。現在高校への進学率は九四%くらいですので、高校を義務教育化し、中高一貫の六年間にすれば、高校入試という「選別」をなくすことができます。ところが、このような提案をすると、必ず出てくるのが、「学力」は大丈夫なのかといった疑念です。しかし、公立の小・中学校では問題はなかったはずですし、実証的な研究でも、必ずしも「選別」が有効ではないことが明らかになっています（佐藤学『習熟度別指導の何が問題か』岩波ブックレット、アルフィー・コーン『競争社会をこえて』法政大学出版局）。さらに言えば、学校で身に付けることは、「入学試験」科目の「学力」だけではありません。「学校教育の理念」の講義でも示しましたが、様々なことを学ぶ場が学校です。人々の意識を変え、社会の理解を得て、政治を動かして教育制度を変えることは不可能ではありません。こうした教育問題の解決のための改革を目指すことが、現代「教育学」の四つ目の大きな課題であると考えます。

Ⅱ 「教育原理（中等）」

1　家庭教育

教育の基本的分野は、家庭教育と学校教育と社会教育です。この「教育原理（中等）」の講義では、特に学校教育を中心にして教育の原理を明らかにしていきたいと考えています。それで、学校教育の話をする前に、家庭教育と社会教育について触れておきたいと思います。

まず、家庭教育です。法律で家庭教育がどのように規定されているか見ていきます。教育に関する法律に一九四七年に制定されて二〇〇六年に改正された「教育基本法」というのがあります。これは、一九四六年に公布された「日本国憲法」の理想を教育によって実現するために制定された法律です。「教育基本法」の前文の最後は「ここに、我々は、日本国憲法の精神にのっとり、我が国の未来を切り拓く教育の基本を確立し、その振興を図るため、この法律を制定する」となっています。その「教育基本法」の第一〇条に「家庭教育」という条文があります。この条文は、改正された「教育基本法」で新設されたもので、「子育てに国家が介入してよいのか」といった批判が当時ありました。そもそも「憲法」は権力者の権力を制限するものであり、法律は一般的に強い立場の者を縛（しば）って弱い立場の者を守るためのものです。その第一〇条の一は「父母その他の保護者は、子の教育について第一義的責任を有するものであって、生活のために必要な習慣を身に付けさせるとともに、自立心を育成し、心身の調和のとれた発達を図るよう努めるものとする」とあります。ここに家庭教育の目的が明記されています。「生活のために必要な習慣を身に付けさせる」「自立心を育成」「心身の調和のとれた発達を図る」ということです。第一〇条の二は「国及び地方公共団体は、家庭教育の自主性を尊重しつつ、保護者に対する学習の機会及び情報の提供その他の家庭教育を支援するために必要な施策を講ずるよう努めなければならない」となっています。国及び地方公共団体である都道府県市町村は、家庭教育を支援する施策を行うように規定されています。この施策は、たとえば家庭教育に関する相談所（室）など相談機関の設置、家庭教育に関する講演会や研修会の開催などです。

そして、これも改正「教育基本法」で新設された条文ですが、その第一一条に「幼児期の教育」という項目があります。これは「幼児期の教育は、生涯にわたる人格形成の基礎を培う重要なものであることにかんがみ、国及び地方公共団体は、幼児の健やかな成長に資する良好な環境の整備その他適当な方法によって、その振興に努めなければならない」とされています。ここには、幼児期の教育が「生涯にわたる人格形成の基礎を培う重要なものである」と明記されています。

さらに、法的拘束力はありませんが、一九五一年の五月五日「こどもの日」に制定された「児童憲章」というのがあります。この前文は「われらは、日本国憲法の精神にしたがい、児童に対する正しい観念を確立し、すべての児童の幸福をはかるため、この憲章を定める」となっています。この「児童憲章」の二には「すべての児童は、家庭で、正しい愛情と知識と技術をもって育てられ、家庭に恵まれない児童には、これにかわる環境が与えられる」となっています。

2　家庭教育の問題点

家庭教育をめぐる諸問題について考えていきます。まず、死別や貧困や虐待といったことから、子どもを家庭において養育できない場合です。前回の講義の最後で紹介した「児童憲章」の二には「家庭に恵まれない児童には、これにかわる環境が与えられる」となっています。今日の講義では、特に子どもが虐待を受けているような場合を取り上げます。二〇〇〇年に公布され、二〇〇四年に改正された「児童虐待の防止等に関する法律」というのがあります。第一条「目的」は「児童虐待が児童の人権を著しく侵害し、その心身の成長及び人格の形成に重大な影響を与えるとともに、我が国における将来の世代の育成にも懸念を及ぼすことにかんがみ、児童に対する虐待の禁止、児童虐待の予防及び早期発見その他の児童虐待の防止に関する国及び地方公共団体の責務、児童虐待を受けた児童の保護及び自立の支援のための措置等を定めることにより、児童虐待の防止等に関する施策を促進すること」となっています。この法律の第五条「児童虐待の早期発見等」には「学校、児童福祉施設、病院その他児童の福祉に業務上関係のある団体及び学校の教職員、児童福祉施設の職員、医師、保健師、弁護士その他児童の福祉に職務上関係のある者は、児童虐待を発見しやすい立場にあることを自覚し、児童虐待の早期発見に努めなければならない」とあります。

そして、第六条「児童虐待に係る通告」には「児童虐待を受けたと思われる児童を発見した者は、速(すみ)やかに、これを市町村、都道府県の設置する福祉事務所若(も)しくは児童相談所又は児童委員を介して市町村、都道府県の設置する福祉事務所若しくは児童相談所に通告しなければならない」となっています。第七条では、通告を受けた際、上述の事務所若しくは相談所、その職員等は「通告をした者を特定させるものを漏らしてはならない」となっています。通告の秘密は守られるということです。通告して間違っていたらどうしようとかと思わないことです。間違っていたら、それに越したことはないと考えるべきです。逆に、通告をためらうことによって、取り返しのつかないことが起こることを防がなければなりません。通告を受けた福祉事務所や児童相談所は、「児童の安全の確認」を行って、「児童相談所への送致又は一時保護を行う」ことになります(第八条「通告又は送致を受けた場合の措置」)。その結果、家庭での養育が無理であると判断された場合は、児童養護施設での養育や里親による(里親ホームでの)養育ということになります。

次に、共働きに伴う家庭教育の問題です。少子高齢化による労働力不足もあって、共働きの家庭が増えてきています。保育所(園)や学童保育(小学校低学年の放課後)の拡充が求められています。それと同時に、前述の児童虐待の問題への対応とも関係して、家庭教育の専門化、社会化が求められていると理解されます。核家族化によって、共働きでなくても、兄弟姉妹が少なくなり、親と子だけが常に一緒にいる状況に起因する問題も生じています。この問題に対しては、市町村の「子育て支援事業」ということで、共働きでなくても保育所での育児相談や一時保育を受けられるようにもなってきています。また、「育児休業制度」というのがあります。父親の利用があまりないということで、大臣がこの制度を利用して、ニュースになったりしています。共働きの場合、子どもと一緒に過ごす時間は、当然少なくなりますが、密度の濃い関わり方を考えていくことも大切であると思います。そして、社会全体として、家庭以外での幼児教育の専門化、社会化を図っていくことがこれからの時代、重要であると考えます。

次は、不登校の問題です。「不登校」というのは、以前は「登校拒否」と言われていました。しかし、本人は、登校を意図的に「拒否」しているのではなくて、「学校へ行かなければならない」と思ってはいるのですが、人によっては普通に学校へ行ける人以上にそのように思っているのですが、特に登校時間帯になると、頭が痛くなったり、お腹が痛くなったりして、行けなくなってしまうことから、「不登校」と言われるようになりました。頭が痛いとか、お腹が痛いとかという身体症状は、登校時間帯が過ぎると、治まることが多いので、仮病のようにも捉えられていました。しかし、仮病ではありません。

不登校の原因を少し考えてみたいと思います。学校には、学校そのものからのストレス、先生からのストレス、勉強、特にテストや成績からのストレス、子ども同士の関係からのストレスと、様々なストレスが存在します。もちろん、ストレスには否定的な側面だけがある訳ではありません。ストレスの克服が成長につながったり、大きなストレスがオリンピックのような舞台での大記録を生み出させたりすることもあります。しかし、ストレスに対する耐性には個人差があります。また、子ども同士の関係からのストレスに対する耐性は、小さい頃から子どもたちの中で育つことによって培（つちか）われる面もありますが、現在はそのような機会も少なくなってきているように、個人ではどうしようもない環境に左右される側面もあります。そのような中で、学校のストレスに耐えられなくなる子どもたちが出てきてもおかしなことではありません。二〇一八年度、小中学校を三〇日以上欠席した児童・生徒の数は全国で一六万四千人を越えたそうです。

そこで、不登校の子どもに対する対応を考えてみたいと思います。不登校の状態は、毛虫から蝶（ちょう）になる前の「蛹（さなぎ）」に例えられることがあります。蛹から蝶になるために必要なのは刺激です。内からの刺激と外からの刺激です。内からの刺激は、家庭環境を変えるということです。家庭環境の多くを占めているのは、親の子への関わり方です。親が子に対して過大な期待をかけてこなかったか、過剰に干渉してこなかったかなど親の関わり方を反省して家庭環境を変えることです。そのためには、親だけで反省することはかなり難しいことなので、親がカウンセリングを受けることも一つの方法です。そして、カウンセリングによって親の子どもに対する不安も解消できれば、その意味でも家庭環境が変わることになります。また、外からの刺激としては、家庭以外に子どもの居場所を見つけることです。本が好きな子どもなら、図書館でもいいでしょうし、スポーツが好きな子どもならスポーツ施設でもいいと思います。フリー・スクールもあります。石巻には「けやき教室」というのがあるそうです。親以外の人と関われる場所を確保することです。そして、学校には「保健室登校」というのがあるようです。教室に入ることができなくても、学校の保健室に行けるようになったら、そこで養護教諭の先生と過ごすことも外からの刺激になります。ハードルは少し高いですが、学校の相談室のスクール・カウンセラーの先生との関わりもいいかもしれません。さらに、家庭でも、居場所でも、保健室でも、学習に関して「できることはやる」、読書やスポーツに関して「できることをやる」ということが大切であると考えます。

教育学者の佐藤学（さとうまなぶ）は、小中学校は義務教育なのだから、不登校の児童・生徒に対しても学校や教師は義務を果たさなければならないと述べています。二〇一六年には、不登校の子どもの支援を目的とした「義務教育の段階における普通教育に相当する教育の機会の確保等に関する法律」も作られました。

親にも教師にも、不登校の子どもが登校できるようになることを、マイナスがゼロになると捉える人がいますが、それは違うと思います。問題を克服したり解決したりするということは、マイナスがプラスになるということであると考えます。教育は、問題をなくすことではなく、問題を通して学ぶ過程そのものであるという認識が親にも教師にも必要です。登校できるようになることだけが、問題の解決ではなく、たとえ登校できなくても、多くのことを学ぶことはできます。そして、それが教育であると考えます。

3　社会教育

「社会教育」に関する法律には、一九四九年に制定され、その後、幾度か改正されてきた「社会教育法」があります。その第二条に「社会教育の定義」として「この法律において「社会教育」とは学校教育法又は就学前の子どもに関する教育、保育等の総合的な提供の推進に関する法律に基づき、学校の教育課程として行われる教育活動を除き、主として青少年及び成人に対して行われる組織的な教育活動(体育及びレクリエーションの活動を含む)をいう」となっています。「社会教育」は、学校教育を除いた「主として青少年及び成人に対して行われる組織的な教育活動(体育及びレクリエーションを含む)」ということになります。また、「教育基本法」(一九四七制定、二〇〇六改正)の第三条には「生涯学習の理念」として「国民一人一人が、自己の人格を磨き、豊かな人生を送ることができるよう、その生涯にわたって、あらゆる機会に、あらゆる場所において学習することができ、その成果を適切に生かすことのできる社会の実現が図られなければならない」とあります。「社会教育」の目的は、「国民一人一人が、自己の人格を磨き、豊かな人生を送ること」です。

さらに、「教育基本法」の第一二条には「社会教育」という項目があり、その一として「個人の要望や社会の要請にこたえ、社会において行われる教育は、国及び地方公共団体によって奨励されなければならない」」、その二として「国及び地方公共団体は、図書館、博物館、公民館その他の社会教育施設の設置、学校の施設の利用、学習の機会及び情報の提供その他の適当な方法によって社会教育の振興に努めなければならない」とあります。その二の「学校の施設の利用」に関しては、「学校教育法」（一九四七制定、二〇〇六改正）の第一三七条「社会教育への利用」に「学校教育上支障のない限り、学校には、社会教育に関する施設を附置し、又は学校の施設を社会教育その他の公共のために、利用させることができる」となっています。学校の教室や運動場や体育館などとその教具などの使用、教室を使った講演会や講座の開催などがこれに当たります。その一の「個人の要望や社会の要請にこたえ」に関しては、「社会教育」が国民一人一人の要望や社会の個々の構成員の総意としての要請による、国民の自主的、自発的な生涯学習や各種の活動であって、国や地方公共団体はその便宜供与（べんぎきょうよ）に徹することを本質としていると理解されます。国や地方公共団体が主導してはならないということです。

次に、「社会教育の方法」に関して、「社会教育法」の第九条の二「社会教育主事及び社会教育主事補の設置」に「都道府県及び市町村の教育委員会の事務局に、社会教育主事及び社会教育主事補を置く。ただし、町村の教育委員会の事務局には、社会教育主事補を置かないことができる」となっていて、第九条の三「社会教育主事及び社会教育主事補の職務」には「社会教育主事は、社会教育を行う者に専門的技術的な助言を与える。ただし、命令及び監督をしてはならない」とあります。この「命令及び監督をしてはならない」は、戦前戦中の「社会教育」のあり方への反省を踏まえて、戦後にできた条文です。

戦争中、日本では、政治権力による組織的な大衆動員の手段や国の意向の上意下達のための講演会や官製社会教育団体の設立、そして報道機関の統制などという形で「社会教育」がゆがめられ、利用された歴史がありました。「社会教育」を利用して国民を一定の方向へ教化し戦争に加担させ、戦争に反対する人々を排除する傾向を国民全体の中に根付かせたのです。現在でも、たとえばエネルギーに関する講演会が政府主導の原子力発電を推進する「上意下達のための講演会」になっていないかと注意することも大切です。したがって、「社会教育」は「支援すれども統制せず」ということが何よりも大切であると考えられます。生涯学習の自由は、学びたくないことを学ばない自由でもあるということです。

上述の「社会教育関係団体」に関しては、「社会教育法」の第一〇条「社会教育関係団体の定義」に「法人であると否とを問わず、公の支配に属しない団体で、社会教育に関する事業を主たる目的とするものをいう」となっています。「公の支配に属しない団体」ということで、戦前のような「官製」の「社会教育関係団体」を排除しているということになります。また、「社会教育に関する事業を主たる目的とする」ということは、営利を目的とせず、かつ政治活動や宗教活動などをしない団体で、教育や文化やスポーツ活動などの組織・団体と理解されます。たとえば、英会話を教えて利益をあげることを目的とする会社に対して、学校や公民館などの公的な施設を使って、運営に必要な会費はとるにしろ、営利を目的としない英会話教室などです。「社会教育関係団体」には、青少年団、同業者組合、生活協同組合、PTA、4Hクラブ、YMCA、YWCA、スポーツ少年団、ボーイ・スカウト、ガール・スカウト、ユネスコ団体、赤十字団体などがあります。

「社会教育」の施設としては、図書館、博物館、美術館、公民館などの他に、青少年教育施設（青年の家、少年自然の家、児童館、児童文化センターなど）、文化会館、各種の体育・スポーツ施設（陸上競技場、体育館、プールなど）があります。

「社会教育」の行事としては、「こどもの日」や「敬老の日」や「文化の日」といった国民の祝日の行事、「交通安全週間」や「読書週間」などといった行事があります。

「社会教育」として現在大きな役割を担っているのが、新聞、雑誌、映画、ラジオ、テレビ（特に、教育テレビ）、インターネットなどのマス・コミ形態です。特に、インターネットの普及は、真偽混在した過剰な情報が氾濫している状況を生み出しています。情報の受け手の判断力が重要になってきており、そのための教育が必要になってきています。また、政府による報道機関に対する圧力がかかっていないか、政府によって世論操作が行われていないか、国民は注視していく必要があります。

4 国民教育

国民教育に関する考え方には大きく分けて二通りあります。一つは、宗教改革家、国王、企業家、国家（政府）の立場から信者、国民、労働者、市民に教育が必要であるといった考え方です。この考え方は、上の者に教育する権利があり、下の者には教育を受ける義務があるといったものです。もう一つは、国民が教育を受けて幸福になるために、国民に教育を受ける権利があり、国家（政府）には国民に教育を受けさせる義務があるという考え方です。この二つの考え方を歴史に即して見ていくことにします。

一つ目の考え方を最初に出したのは、ドイツの宗教改革家であったルター（一四八三―一五四六）です。ルター以前のキリスト教においては聖書がラテン語で書かれていたこともあり、母国語さえ読み書きできない一般の民衆にとって、聖書の神の言葉は、教会の司祭（神父）を介して知る以外に方法はありませんでした。それゆえ、教会は民衆に対して絶対的な権威をもつようになります。このような状況下で、キリスト教の信仰とはかけ離れた免罪符が売られることになったのです。そのようなキリスト教（カトリック）のあり方に疑問をもったのがルターでした。彼は一五一七年ヴィッテンベルク城の教会に「九十五か条の提題」を掲げ、異議を申し立て抗議します。この「異議を申し立てる（プロテスト）」に、「カトリック」に対する「プロテスタント」の名の由来があります。一五二一年、ローマ・カトリック教会は、ルターを破門し追放します。このルターを助けたのが、教会と対立していた領邦国家の国王でした。国王は、彼をヴィッテンベルク城に匿います。匿われていた九か月の間に、ルターが行ったのが、ラテン語の聖書を母国語であるドイツ語に翻訳することでした。教会の司祭（神父）を介さずに、民衆が直接聖書を読み、神の言葉を理解できるようにしようとしたのです。活版印刷術の発明と相まって、その後、聖書は広く普及することになります。ちなみに、プロテスタントで聖職者は、民衆の傍にいて民衆の聖書理解を手助けする人の意味で「牧師」と言われます。しかし、民衆が母国語を読むことができなければ、駄目です。そこで、ルターは「ドイツ全都市の市参事会員に対する勧告―キリスト教的な学校を設立し且つ維持せよ。―」（一五二四）や「児童を就学させるべきことについての説教」（一五三〇）などを通して、民衆の母国語教育と聖書理解教育を訴えたのです。この彼の訴えは、宗教改革の一環としてではありますが、一種の国民教育の要請であったと理解できます。

次に、プロイセンの啓蒙専制君主であったフリードリッヒ大王（一七一二―八六）に、国王の立場からの国民教育の必要性の主張を見ることができます。彼は、一七七二年の講演「国家における芸術と学問の効用について」で、無知で愚かな国民を統治するよりも教育を受けて啓蒙された国民を統治する方が容易であると述べています。ちなみに、「啓蒙」というのは、「蒙」が「暗い（無知）」で「啓」が「ひらく」です。

また、イギリス（スコットランド生まれ）の経済学者であったアダム・スミス（一七二三―九〇）は主著『諸国民の富（国富論）』（一七七六）で、経済活動に対する国家の関与や統制の排除という「自由放任主義」を展開していますが、産業や経済活動の担い手である下層階級の子どもたちを教育する政府の責任について主張しています。当時の分業的な生産活動は単純な作業の反復であり、不平不満が生じやすく、それによって企業家や政府に対する反抗運動が生じかねないので、その抑止力として、将来労働者になる子どもたちに読み書き計算や判断力を養う初等教育が必要であるというのです。これは企業家や国家（政府）の立場からの国民教育の必要性の主張であると理解できます。

アダム・スミスの生きたイギリスは、産業革命（一七六〇-一八三〇）の時代でした。社会の産業化が進み、読み書き計算のできる人々に対する需要が増大します。そして、農村の解体と人口の都市集中が生じ、都市に集まってきた、宗派の違う人々の宗教教育は、それぞれの家庭が責任をもつということで、国民教育からの宗教教育の切り離しが起こります。

ヨーロッパでは「理性主義」「合理主義」の時代へと移っていきます。「理性主義」「合理主義」というのは、人間自身の理性に基づいて伝統的な宗教や道徳や社会制度を批判し、理性的に改革しようとする考え方です。ちなみに、「合理」とは、人間の理性に、理性の産み出した理論に適（かな）って（合って）いるということです。理性的に考えて生きることによって生じる旧来の様々な束縛からの個人の解放こそが個人の幸福であり、その理性的に考えて生きることを可能にするのが国民教育であるという考え方です。この考え方の代表的な思想家がフランスのルソー（一七一二-七八）とコンドルセ（一七四三-九四）やスイスのペスタロッチ（一七四六-一八二七）です。

前章の「14　近代教育の成立の歴史①」でも触れましたが、ルソーの『社会契約論（民約論）』（一七六二）は、フランス革命（一七八九-九九）に影響を与えたと言われています。社会は国家（政府）と国民の間の「契約」で成り立っているという考え方です。それ以前の考え方は、「王権神授説」です。王の権力（「王権」）は、絶対的な神が王に授けたもの（「神授」）で、絶対的であるというものでした。「絶対専制君主」といった表現は、これに由来します。それに対して、「社会契約論」は、国家（政府）の権力は、国民が国家（政府）に与えたものであって、国家（政府）はその権力を使って国民の幸福を実現しなければならないというものです。もし、国家（政府）が国民の幸福を実現できなければ、国民は国家（政府）に対して「契約破棄」できるというものです。この「契約破棄」がフランス革命のような市民革命です。国民は、革命によって国家（政府）から権力を奪って、別の新しい政府に権力を与え、その政府が権力を使って国民の幸福を実現するという新しい「契約」を結べるというのです。現在では、革命ではなく選挙によって新しい政府を選んでその公約を実現してもらうことが「契約」に当たります。そして、政府によって国民の幸福が実現されるために必要なこととして考えられたのが、国民教育です。国民の幸福に教育が欠かせないとしたら、その教育を政府が保障するという考え方です。

コンドルセは、フランス革命の理論的指導者の一人とされています。彼は、フランス革命後の議会で右派のジロンド党に近い立場だったのですが、左派のジャコバン党に捕えられ投獄されて獄中で自殺しています。自殺の翌年（一七九五）に出版されたのが彼の主著である『人間精神進歩史』です。彼はこの著作で、教育を受ける民衆の権利と民衆に教育を受けさせる政府の義務（責任）について主張しています。しかも、民衆の教育を受ける権利は、真理を学ぶ民衆の権利であって、政府にとって都合のよいことを教える権利を否定しています。これは、政府からの教育の独立という画期的で進歩的な思想を意味しています。人間は、教育を通して真理を学ぶことによって進歩・向上し、あらゆる不当な束縛から解放されて幸福になることができると、コンドルセは考えました。

ペスタロッチは、スイスの教育思想家で、教育実践家でもあります。教育実践ということでは、ノイホーフの貧民学校での実践と、フランス革命で生じた孤児のためにフランス革命政府が設立したシュタンツの孤児院での実践があります。貧民や孤児の教育に当たったということから、「民衆教育の開拓者」と言われています。彼は、民衆が無知ゆえに、権力者や富者の悪知恵によって利用され、不利益を被り、貧者となって、不幸な状態に置かれていると考え、この民衆の不幸を救うためには、民衆が教育によって学力を獲得することが必要であると考えました。学問を貧しい人々をあざむくための道具としてはならないのであって、貧しい人々が自らの無知や他人の悪知恵の不幸な道具になることから、真理や知恵の最初の基礎を彼らに与えることによって救ってやることが大切であり、一人の人間の利益のために、多くの人間を社会的な権利である教育を受ける権利とその行使の可能性から締め出している障害物を取り除いて、旧弊を改めたいと、彼は主張しています。

ルソー、コンドルセ、ペスタロッチによって、国民の幸福を実現するための国民教育の理念が示されました。

5 義務教育

国民教育（公教育）に関して、義務（責任）が国民にあるのか、それとも国家にあるのかということで、義務教育の考え方も違ってきます。前回の「国民教育」で述べましたが、歴史的には、国家には国民を教育する権利があって、国民には国家のために教育を受ける義務があるという義務教育の考え方が古く、国民には教育を受けて幸福になる権利があり、国家には国民に教育を受けさせる義務があるというのが新しい義務教育の考え方です。

日本では、一八七二年に近代的な学校制度を定めた「学制」から日中戦争・太平洋戦争で敗戦に追い込まれた一九四五年までが、前者の国家の権利・国民の義務の義務教育で、戦後が国民の権利・国家の義務の義務教育です。戦前の日本では、国民の三大義務というのがありました。一つは、納税の義務です。これは戦後も同様にあります。国家が存続するためには、この義務はなくてはならないものです。二つ目は、兵役の義務です。二〇歳以上の男子の徴兵制です。これは戦後なくなりました。そして、三つ目が就学（教育を受けること）の義務です。これは戦後、教育を受けて、幸福になる権利へと変りました。

戦後日本では、「日本国憲法」（一九四六公布）の第二六条「教育を受ける権利、教育の義務」で「すべての国民は、法律の定めるところにより、その能力に応じて、ひとしく教育を受ける権利を有する」、②で「すべての国民は、法律の定めるところにより、その保護する子女に普通教育を受けさせる義務を負ふ。義務教育は、これを無償とする」と定められました。ちなみに、「その能力に応じて」の解釈に関して、教育学者の大田堯（おおたたかし）は、『教育とは何かを問いつづけて』（岩波新書）で「決して単純に学校の成績の出来不出来に応じて教育を受けるというような意味ではなくて、その子その子の遺伝や、与えられたものとしての環境のちがいで育ってきた子どもの素質を、それぞれに個性的なもの、その子特有のもち味へと教育によって発展させることの権利と解釈すべきだ」（一六八頁）と述べています。この「その能力に応じて」は、なくてもいいのかもしれません。

また、「教育基本法」（一九四七制定、二〇〇六改正）の第五条「義務教育」で「国民は、その保護する子に別に法律で定めるところにより、普通教育を受けさせる義務を負う」、3で「国及び地方公共団体は、義務教育の機会を保障し、その水準を確保するため、適切な役割分担及び相互の協力の下、その実施に責任を負う」となっています。このように、保護者の子に対する義務と責任、並びに国及び地方公共団体の国民に対する義務と責任が明記されています。

さらに、「教育基本法」の第四条「教育の機会均等」では、2で「国及び地方公共団体は、障害のある者が、その障害の状態に応じ、十分な教育を受けられるよう、教育上必要な支援を講じなければならない」、3で「国及び地方公共団体は、能力があるにもかかわらず、経済的理由によって修学が困難な者に対して、奨学の措置を講じなければならない」となっています。それに対応する法律としては「生活保護法」の一部規定や「就学困難な児童及び生徒に係る奨学奨励についての国の援助に関する規定」などがあります。すべての子や国民に教育を受ける権利があり、国及び地方公共団体はその権利をかなえる義務（責任）があるということを示しています。

次は、義務教育制度です。義務教育制度には、特定の教育課程を義務とする「課程主義」と特定の年齢や一定の年限を義務とする「年齢（年限）主義」があります。一八七二年の「学制」から一九四五年の敗戦までは、日本の義務教育は「課程主義」でしたが、戦後は「年齢（年限）主義」になり、現在に至っています。その日本の義務教育制度の歴史を見ていくことにします。

一八七九年の「教育令」で、学齢期間は六歳から一四歳までで、就学期間は最低一六か月で、小学三か年の課程が義務とされます。これは、六歳から一四歳までの間に、最低一六か月以上学校へ行って、小学三か年の課程を修了することが義務とされたということです。一八八〇年の「改正教育令」では、就学期間が毎年一六週以上に改正されます。一八八六年の「諸学校令（小学校令）」で、尋常小学校四か年の課程が義務とされます。そして、一九〇七年の「改正小学校令」で、尋常小学校六か年の課程を義務とすると改正されます。ちなみに、一九〇二年の就学率は九〇％で、高い就学率を示しています。一九四一年の「国民学校令」で、学齢期間と修業年限の一致が図られますが、戦争の激化で実現しないまま、敗戦を迎えることになります。

「課程主義」の問題点としては、「飛び級」と「落第」が挙げられます。「飛び級」は尋常小学校の五年生までに、尋常小学校六か年の課程を修了してしまえば、尋常小学校五年生から旧制の中学校や高等女学校に進学できたということです。その一方で、「落第」は義務としての課程が修了できなければ、何年でも「落第」することになるということです。それゆえ、「課程主義」では、課程を修了したかどうかの評価（成績）が重要でした。それでは、いつまで「落第」するかというと、学齢期間の一四歳までです。「就学義務の免除」というのがあって、「就学義務」は満一四歳までなので、それを過ぎれば、「落第」していても就学の義務はなくなるということになります。壺井栄（つぼいさかえ）の小説『二十四の瞳』には家事労働に追われる子どもたちが描かれ、山本茂美のノンフィクション『あゝ野麦峠』には製糸工場で働く少女たちの過酷な労働の記述があります。そういった子どもたちは、いろいろな理由を付けて労働に従事させられ、満一四歳になれば、就学義務を免除されることになったのです。その結果、教育を受けられない人々が生まれました。戦後の夜間中学には、様々な理由で教育を受けられなった人々が通うことになりました。ちなみに、二〇〇五年ILO（国際労働機関）調査で、現在でも世界には約二億五千万人の児童労働者がいて、その内の約一億七千万人が奴隷工場で働かされているという報告があります。世界には、今でも教育を受けられない子どもたちが多くいるということです。

一九四五年以降の戦後日本では、「年齢（年限）主義」に変ります。「学校教育法」で満六歳から満一五歳までの九年間が就学期間となっています。また、「労働法」では、満一五歳までは原則として就学を妨げる労働に就かせることはできないとなっています。こうして、満六歳から満一五歳までの九年間は、子や国民には教育を受けて、幸福になる権利があり、保護者や国及び地方公共団体には、子や国民に教育を受けさせる義務（責任）があるということになったのです。

ちなみに、「課程主義」においては尋常小学校六か年の課程を修了したかどうか、つまり義務を果たしたかどうかを認定するために成績を付けることが不可欠であったのに対して、「年齢（年限）主義」の義務教育においては、極言するならば、必ずしも成績を付けなくてもよいということになります。

また、「年齢（年限）主義」の義務教育制度の下では、二回目の講義で取り上げた「不登校」の児童・

生徒にも学校で教育を受けなくても卒業証書が出されることになっています。そのような児童・生徒に対してどのようにして「年齢（年限）主義」の義務教育の義務（責任）を果たしていくのかということが現在、国及び地方公共団体の大きな課題になっていると言えます。

6　学校教育

「学校」の語源は、ギリシア語の「スコレー」にまで遡ることができます。「スコレー」は「閑暇」「暇」を意味しています。その「スコレー」が古代のローマ時代になると、ラテン語の「スコラ」になり、「スコラ」は「教会や修道院の附属学校」を意味するようになります。そして、ラテン語の「スコラ」から英語の「スクール」やフランス語の「エコール」が派生することになります。

初等教育の学校は、すでに古代ギリシアに見ることができます。古代ギリシアでは、貴族の七歳以上の男子が午前に体育場での運動競技の後で、午後に（後に午前に）学校で読み書き計算を学習したのが始まりのようです。子どもの送り迎えは「パイダーゴーゴス」という礼儀作法も教える奴隷がしていました。学校の教師は没落貴族や亡命者などで、あまり尊敬はされていなかったようです。

古代ローマ時代になると、貴族の七歳から一二歳までの子どもが（男子も女子も）午前に学校で読み書き計算を学習したとのことです。古代ギリシアと同じく、送り迎えは「ペダーゴーゴス」という礼儀作法も教える奴隷がしていました。教師は「リテラトォール（字を教える者）」と呼ばれ、あまり尊敬されず、低賃金であったそうです。

一三世紀、一四世紀の中世になると、自由都市の市民の子どもたちが読み書き計算を学習する学校に通ったようです。この学校が今日に続く初等教育学校の始原とされています。

次に、中等教育の学校です。古代ギリシアの中等教育の学校では、古典の学習が中心で、文科系三学科（文法、修辞学、弁論術）と自然系四学科（算術、幾何学、天文学、音楽）を内容としていたとのことです。ちなみに、音楽は歌唱や演奏などではなく、音程やリズムなどの数学的内容であったそうです。

古代ローマの中等教育学校では、「アルテス・リベラーレス（自由学芸）」の文学や文法の学習が中心で、自然系四学科は軽視され、もっぱら文科系三学科（文法、修辞学、弁証法）が重視されるようになります。教師は「グラマティクス（文学・文法教師）」と呼ばれたそうです。

中世では、「スコラ（教会・修道院附属学校）」が中等教育の学校です。教育の内容としては、ラテン語と聖書（ラテン語訳）講読の神学が中心で、文科系三学科（文法、修辞学、弁証法）と自然系四学科（算術、幾何学、天文学、音楽）であったようです。

高等教育の学校は大学です。大学（ユニバーシティ）はそもそも、中世ヨーロッパで身分や男女の別なくヨーロッパ各地から集まってきた学生と教授の「組合」を意味するラテン語の「ユニヴェルシタス」に語源があると言われています。ちなみに、「短期大学」「単科大学」を意味する英語の「カレッジ」の語源は、ラテン語の「コレギュウム」で同僚や仲間の「集まり」を意味しています。国を越えて集まってきた人々が「ラテン語」を共通の言葉として、教授や議論を行ったのが大学の始まりです。最初は大学の土地も建物もなく、学生と教授の「組合」は町の人々と交渉をして、教育と研究の場所や下宿を確保し、交渉が上手くいかない場合は、他の町に移ったそうです。そうして、段々と、町の人々の理解と協力を得られる場所に定着していったようです。

世界で最初の大学とされているのがイタリアのボローニャ大学です。ボローニャ大学の創設年は、一一五八年となっています。この年は、神聖ローマ皇帝によって大学が認可された年です。これは、神聖ローマ皇帝（政治権力）の勢力範囲に大学が入ったということを意味します。しかし、その代わりに、大学は自治権を獲得します。「学問の自由」です。「学問の自由」は、「学問の論理」「普遍的な真理追究の目的」にのみ従うのであって、国王（政治）であろうと、教皇（宗教）であろうと「不当な束縛からの解放」を意味します。

日本の大学の歴史は、ヨーロッパの大学とは少し違います。前章の「6　教育と政治の関係の歴史②」でも述べましたが、一八七二年に明治政府によって「学制」（近代的な学校制度）が作られます。「学制」で日本を八つの「大学区」に分け、それぞれの区に「大学（校）」を、それぞれの「大学区」を三二の「中学区」に分け、それぞれ（二五六）に「中学校」を、そしてそれぞれの「中学区」を二一〇の「小学区」に分け、それぞれ（五万三七六〇）に「小学校」を置こうと考えました。大学はもともと「大きな学区に置かれた学校」を意味しています。

日本の大学は、国家の近代化（「富国強兵」）に役に立つために、国によって創られたのです。世界ではじめて工学部が総合大学の中に設けられたのは、東京大学においてです。それまでは、工学部は学問的には下位に位置付けられていて、単科大学にしかありませんでした。日本では、現在でも大学の存在価値や教育・研究が「役に立つかどうか」ということに重きが置かれて捉えられています。「役に立つ」工学部など理工系の学部が大学の中心を占めているのが日本の大学の特徴です。文学部不要論などもそういった価値観から出てくると考えられます。それでも、建前としては、大学の自治権、「学問の自由」は大学の理念としてあったし、今もあるのだろうと思います。日本学術会議の会員の任命拒否など、現実は本当に厳しいですが。しかし、「学問の自由」の下に研究される真理は、ある特定の個人や国家の独占的な所有物ではなく、世界のすべての人々のものであり、世界のすべての人々の幸福に寄与するものであることを決して忘れてはならないと考えます。

最後に、日本の学校について見たいと思います。江戸時代の学校としては、武士の子弟（してい）のための学校として、江戸幕府直轄の学校であり、儒学の一つである朱子学を正学とした「昌平坂学問所」、各藩が藩士の子どものために創った「藩校」、そして私設の学校である「私塾」（儒学者、国学者、洋学者の学校）がありました。また、藩士の子どもと庶民の子どもが共に学ぶ「郷学（ごうがく）」というのもありました。その他に、庶民の子どものための学校である「寺子屋」がありました。

明治時代になると、「学制」（一八七二）によって、旧制の大学、大学の予科（大学に入るための予備の課程）としての旧制の高等学校、旧制の中学校と高等女学校、旧制の小学校（尋常小学校）が創られました。

現在の日本の学校は「学校教育法」の第一条「学校の定義」で「この法律で、学校とは、幼稚園、小学校、中学校、中等教育学校、特別支援学校、大学及び高等専門学校とする」となっています。ちなみに、「中等教育学校」は中学校と高等学校を一つにした学校であり、高等専門学校は高等学校と短期大学を一つにした学校です。現在「大学」の他に「大学校」というのもあります。「大学校」は国の行政機関などの附属機関として設けられた学校で、防衛大学校や気象大学校や水産大学校などがあります。「学校教育法」の規定では「大学」には含まれていません。

7　学校教育の目的

教育課程（カリキュラム）は、教育の目的や目標へ向かって、教育内容が段階的に組織され編成されたものです。教育目的や教育目標は、教育の目指すべき方向性を示す最も重要なものであると言えます。ところで、一般的に目的は少数の項目からなる、より包括的で究極的なねらいであるのに対して、目標は目的を達成するためのより多数の項目からなる、より具体的なねらいということになります。また、教育目的や教育目標には、その社会の歴史的な現実を反映している側面とその社会の理想を反映している側面があります。前者は、その社会の多くの構成員（大人）が身に付けていることであり、後者はその社会の構成員（大人）の多くに欠けていて、それを身に付けることが望まれている理想といったことです。後者に関しては、現代日本における英語教育を例として挙げることができます。

戦後日本（一九四五以降）の学校教育の目的と目標について見ていくことにします。戦後日本の教育目的でもある理想は「日本国憲法」（一九四六公布）の前文に次のように掲げられています。「日本国民は、恒久の平和を念願し、人間相互の関係を支配する崇高な理想を深く自覚するのであつて、平和を愛する諸国民の公正と信義に信頼して、われらの安全と生存を保持しようと決意した。われらは、平和を維持し、専制と隷従、圧迫と偏狭を地上から永遠に除去しようと努めてゐる国際社会において、名誉ある地位を占めたいと思ふ。われらは、全世界の国民が、ひとしく恐怖と欠乏から免かれ、平和のうちに生存する権利を有することを確認する。」「われらは、いづれの国家も、自国のことのみに専念して他国を無視してはならないのであつて、政治道徳の法則は、普遍的なものであり、この法則に従ふことは、自国の主権を維持し、他国との対等関係に立とうとする各国の責務であると信ずる。」「日本国民は、国家の名誉にかけ、全力をあげてこの崇高な理想と目的を達成することを誓ふ。」

この「日本国憲法」の理想を実現するために制定された「教育基本法」（一九四七制定、二〇〇六改正）の前文には、次のように記されています。「我々日本国民は、たゆまぬ努力によって築いてきた民主的で文化的な国家を発展させるとともに、世界の平和と人類の福祉の向上に貢献することを願うものである。」「我々は、この理想を実現するため、個人の尊厳を重んじ、真理と正義を希求し、公共の精神を尊び、豊かな人間性と創造性を備えた人間の育成を期するとともに、伝統を継承し、新しい文化の創造を目指す教育を推進する。」「ここに、我々は、日本国憲法の精神にのっとり、我が国の未来を切り拓く教育の基本を確立し、その振興を図るため、この法律を制定する。」

「教育基本法」の第一条「教育の目的」では「教育は、人格の完成を目指し、平和で民主的な国家及び社会の形成者として必要な資質を備えた心身ともに健康な国民の育成を期して行われなければならない」とあり、第二条の「教育の目標」では「教育は、その目的を実現するため、学問の自由を尊重しつつ、次に掲げる目標を達成するよう行われるものとする」として、「一　幅広い知識と教養を身に付け、真理を求める態度を養い、豊かな情操と道徳心を培うとともに、健やかな身体を養うこと」「二　個人の価値を尊重して、その能力を伸ばし、創造性を培い、自主及び自律の精神を養うとともに、職業及び生活との関連を重視し、勤労を重んずる態度を養うこと」「三　正義と責任、男女の平等、自他の敬愛と協力を重んずるとともに、公共の精神に基づき、主体的に社会の形成に参画し、その発展に寄与する態度を養うこと」「四　生命を尊び、自然を大切にし、環境の保全に寄与する態度を養うこと」「五　伝統と文化を尊重し、それらをはぐくんできた我が国と郷土を愛するとともに、他国を尊重し、国際社会の平和と発展に寄与する態度を養うこと」とあります。さらに、第五条「義務教育」では「2　義務教育として行われる普通教育は、各個人の有する能力を伸ばしつつ社会において自立的に生きる基礎を培い、また、国家及び社会の形成者として必要とされる基本的な資質を養うことを目的として行われるものとする」となっています。

「教育基本法」を受けて制定された「学校教育法」（一九四七制定、二〇〇六改正）の第二一条「義務教育の目標」では「義務教育として行われる普通教育は、教育基本法第五条第2項に規定する目的を実現するため、次に掲げる目標を達成するよう行われるものとする」として「一 学校内外における社会的活動を促進し、自主、自律及び協同の精神、規範意識、公正な判断力並びに公共の精神に基づき主体的に社会の形成に参画し、その発展に寄与する態度を養うこと」「二 学校内外における自然体験活動を促進し、生命及び自然を尊重する精神並びに環境の保全に寄与する態度を養うこと」「三 我が国と郷土の現状と歴史について、正しい理解に導き、伝統と文化を尊重し、それらをはぐくんできた我が国と郷土を愛する態度を養うとともに、進んで外国の文化の理解を通じて、他国を尊重し、国際社会の平和と発展に寄与する態度を養うこと」「四 家族と家庭の役割、生活に必要な衣、食、住、情報、産業その他の事項について基礎的な理解と技能を養うこと」「五 読書に親しませ、生活に必要な国語を正しく理解し、使用する基礎的な能力を養うこと」「六 生活に必要な数量的な関係を正しく理解し、処理する基礎的な能力を養うこと」「七 生活にかかわる自然現象について、観察及び実験を通じて、科学的に理解し、処理する基礎的な能力を養うこと」「八 健康、安全で幸福な生活のために必要な習慣を養うとともに、運動を通じて体力を養い、心身の調和的発達を図ること」「九 生活を明るく豊かにする音楽、美術、文芸その他の芸術について基礎的な理解と技能を養うこと」「十 職業についての基礎的な知識と技能、勤労を重んずる態度及び個性に応じて将来の進路を選択する能力を養うこと」となっています。一から四までが科目で言うと「社会科」「道徳」「家庭科」で、これらの科目が戦後の義務教育において重視されていることに気付かれると思います。三が「英語」で、五が「国語」、六が「算数」「数学」、七が「理科」、八が「保健体育」、九が「音楽」「図画工作」「美術」「国語」で、十が科目ではありませんが、「職業」に関することです。これらの目標には、学校の成績を上げるとか、よい上級の学校に進学するとかといった目標は入っていません。

「学校教育法」の第二九条「小学校の目的」では「小学校は、心身の発達に応じて、義務教育として行なわれる普通教育のうち基礎的なものを施すことを目的とする」とあり、第三〇条「小学校の目標」では「小学校における教育は、前条に規定する目的を実現するために必要な程度において第二一条各号に掲げる目標を達成するよう行われるものとする」「②前項の場合においては、生涯にわたり学習する基盤が培われるよう、基礎的な知識及び技能を習得させるとともに、それらを活用して課題を解決するために必要な思考力、判断力、表現力その他の能力をはぐくみ、主体的に学習に取り組む態度を養うことに、特に意を用いなければならない」とあります。

第四五条「中学校の目的」では「中学校は、小学校における教育の基礎の上に、心身の発達に応じて、義務教育として行われる普通教育を施すことを目的とする」とあり、第四六条「中学校の目標」では「中学校における教育は、前条に規定する目的を実現するため、第二一条各号に掲げる目標を達成するよう行われるものとする」とあります。

第五〇条「高等学校の目的」では「高等学校は、中学校における教育の基礎の上に、心身の発達及び進路に応じて、高度な普通教育及び専門教育を施すことを目的とする」とあり、第五一条「高等学校の目標」では「高等学校における教育は、前条に規定する目的を実現するため、次に掲げる目標を達成するよう行われるものとする」として「一　義務教育として行われる普通教育の成果を更に発展拡充させて、豊かな人間性、創造性及び健やかな身体を養い、国家及び社会の形成者として必要な資質を養うこと」「二　社会において果たさなければならない使命の自覚に基づき、個性に応じて将来の進路を決定させ、一般的な教養を高め、専門的な知識、技術及び技能を習得させること」「三　個性の確立に努めるとともに、社会について、広く深い理解と健全な批判力を養い、社会の発展に寄与する態度を養うこと」とあります。

第六三条の「中等教育学校の目的」では「中等教育学校は、小学校における教育の基礎の上に、心身の発達及び進路に応じて、義務教育として行われる普通教育並びに高度な普通教育及び専門教育を一貫して施すことを目的とする」とあり、第六四条「中等教育学校の目標」では「中等教育学校における教育は、前条に規定する目的を実現するため、次に掲げる目標を達成するよう行われるものとする」として「一　豊かな人間性、創造性及び健やかな身体を養い、国家及び社会の形成者として必要な資質を養うこと」「二　社会において果たさなければならない使命の自覚に基づき、個性に応じて将来の進路を決定させ、一般的な教養を高め、専門的な知識、技術及び技能を習得させること」「三　個性の確立に努めるとともに、社会について、広く深い理解と健全な批判力を養い、社会の発展に寄与する態度を養うこと」とあります。

第八三条「大学の目的」では「大学は、学術の中心として、広く知識を授けるとともに、深く専門の学芸を教授研究し、知的、道徳的及び応用的能力を展開させることを目的とする」「② 大学は、その目的を実現するための教育研究を行い、その成果を広く社会に提供することにより、社会の発展に寄与するものとする」とあります。

どれだけの教員が、以上の目的、目標を意識して教育に携(たずさ)わっているでしょうか。目指すべき方向性が全く違ったものにならないために、学年の始まりには、教育者も被教育者も上述の目的、目標を確認してから、新しい学期に入っていくことが必要であると考えます。

8 学校教育の内容

学校教育の教育課程（カリキュラム）において教育目的・目標へ向かって段階的に組織され編成されるのが、教育内容です。教育内容は、教育目的・目標に照らして選択されることになります。その際、どのような内容を選択するのかが問題になります。そして、選択された教育内容が教育目的・目標へ向かって配列される際に重視されるのが、系統性と継続性です。系統性は、学習内容が連続的により低い水準からより高い水準に進んで行くようになっていることであり、継続性は、学習された内容がその後も必要に応じて活用されるようになっていることです。

教育内容が選択され編成される教育課程の形態には「教科カリキュラム」と「経験カリキュラム」

があります。「教科カリキュラム」は、教科中心の教育課程編成で、教科の知識体系に従って、論理的に構成されているカリキュラムです。長所としては、教科の知識を系統的に学習でき、知的能力を最もよく伸ばすことができるという点にあります。問題点としては、教科の論理的系統が重視され、教育者中心の画一的な教え込みになりやすいということです。その問題点の解消法の一つとして、特定のテーマ（主題）の下に教科の枠を取り払って総合的に行う「総合学習」が導入されています。

「経験カリキュラム」は、「活動カリキュラム」とも言われ、被教育者の経験が中心で、被教育者自身の生活における具体的・直接的な必要から出発し、その経験の再構成を連続的にもたらすことに基礎を置き、社会生活にとって意義のある活動を積極的に積ませることによって被教育者の全人的な発達を助長し、方向づけようとする教育課程です。長所としては、被教育者が主体的に取り組むことができるという点です。問題点としては、知識や技術（技能）といった教育内容を論理的・組織的に学習させることに適していないということがあります。つまり、限られた時間内で一定の内容を学習させることが難しいということです。「経験カリキュラム（活動カリキュラム）」には、「校外学習（野外活動）」や「特別活動（特別教育活動）」も含まれます。「特別活動（特別教育活動）」は、小・中・高等学校で、各教科と並ぶ教育課程の一領域で、教師の指導の下に児童・生徒の自発的・自治的な活動を主とする領域です。児童会・生徒会・学級会活動、クラブ活動、学校行事などが該当します。「教育基本法」の「教育の目的」にある「平和で民主的な国家及び社会の形成者」の育成を目的とした活動と理解できます。

「教科カリキュラム」と「経験カリキュラム」の他に、「コア・カリキュラム」というのがあります。「コア」は、「中心」とか「核」を意味します。「教科カリキュラム」や「経験カリキュラム」のどこに「中心」を置くか、どこを「核」とするかという「コア」をもったカリキュラムです。戦後日本のカリキュラムは、「社会科」を中心とするカリキュラムです。この「コア・カリキュラム」の考え方は、アメリカの世界恐慌（一九二九）による社会的混乱の解消・克服のために構想されたものです。社会的な混乱を解消できる人材が育っていなかった反省から、民主的な社会人として共通に必要とされる能力を伸ばす科目を中心とするカリキュラムが必要であると考えられ、教育改革がなされたのです。

ちなみに、カリキュラムを構成しているのは、まとまりのある一連の教科内容、または経験内容である「単元」です。「単元」には、「教材単元」と「経験単元（問題単元、活動単元、作業単元など）」があります。

次に、明治以降の日本の学校における教育内容を歴史的に見ていくことにします。「学制」（一八七二）の「小学教則」では、小学校の教育内容が、「綴字（カナヅカイ）」「習字（テナライ）」「単語読方（コトバノヨミカタ）」「修身口授（ギョウギノサトシ）」「洋法算術（ヨウホウサンヨウ）」となっています。「中学教則」では、「国語学」「数学」「習字」「地学」「史学」「外国語学」「理学」「図学」「古言学」「幾何学」「記簿法」「博物学」「化学」「修身学」「測量学」「奏学」の一六教科が中学校の教育内容となっています。これらは、欧米の公立学校における教育内容の模倣であったそうです。

「小学校令施行規則」（一九〇〇）では、尋常小学校の教育内容が「修身」「国語」「算術」「日本歴史」

「地理」「理科」「図画」「体操」「唱歌」となり、「教科カリキュラム」の形式が整うことになります。「中学校令施行規則」（一九〇一）では、旧制中学校の教育内容が「修身」「国語および漢文」「外国語」「歴史」「地理」「数学」「博物」「物理および化学」「法制および経済」「図画」「唱歌」「体操」の一二教科になります。上記の科目の中で、特に重視されたのが、「修身」「日本歴史」（「歴史」）「地理」です。「日本歴史」は、神話と天皇を中心とする皇国史観に基づく日本の歴史です。「地理」は、侵略によって獲得した領土なども扱うことになります。また、「修身」は、明治天皇が国民に直接語りかけるという形式の「教育勅語」（一八九〇）を拠り所とする国家主義的な道徳です。「教育勅語」は、天皇の忠良な臣民育成のための国民教育の基本原則を示したもので、戦争になったら、天皇のために命を捧げるといった道徳です。このような教育の下、日本は日露戦争（一九〇四-〇五）の勝利、朝鮮併合（一九一〇）を経て、国家主義的な色彩を強めていきます。そして、一九三一年の満州事変、満州国建国（一九三二）、日中戦争（一九三七-四五）、太平洋戦争（一九四一-四五）と十五年戦争の時代へ突き進むことになりました。

　戦時体制への即応のための皇（天皇の）国民の基礎的錬成を目的とした「国民学校令」（一九四一）では、国民学校初等科（六年）の教育内容が「国民科（修身、国語、国史、地理）」「理数科（算数、理科）」「体錬科（武道、体操）」「芸能科（音楽、習字、図画、工作、裁縫（女子））」となり、国民学校高等科（二年）の教育内容が「国民科（修身、国語、国史、地理）」「実業科（農業、工業、商業、水産）」「理数科（算数、理科）」「体錬科（武道、体操）」「芸能科（音楽、習字、図画、工作、裁縫（女子）、家事（女子)」」となります。しかし、戦争が激しくなり、実質的な教育改革が機能しないまま、敗戦を迎えることになりました。

戦後の「学習指導要領」(一九四七)では、従来の国家主義的な「修身」「国史」「地理」がなくなり、新たに「社会科」「家庭科」「自由研究」が加えられることになりました。「社会科」は、戦後の民主主義教育のいわばシンボルであり、「コア(中心・核)」となります。「家庭科」に関しては、当初小・中学校では男女共修でしたが、一九五八年から中学校では男子が「技術家庭科」、女子が「家庭科」と別修になり、一九九三年から中学校、一九九四年から高等学校の「家庭科」が男女共修になりました。また、一九五八年、戦前の「修身」の反省を押し切って、教科外活動として「道徳の時間」が設けられ、さらに二〇一八年からは、小学校の「道徳」が教科へと格上げされることになりました。

9 教育方法の問題点

教育方法の問題点として、まず「体罰」を取り上げたいと思います。前章の「13 学校教育の方法」でも述べましたが、教育方法として「体罰」は「学校教育法」第一一条「児童・生徒・学生の懲戒(ちょうかい)」で禁じられています。「校長及び教員は、教育上必要があると認めるときは、文部科学大臣の定めるところにより、児童、生徒及び学生に懲戒を加えることができる。ただし、体罰を加えることはできない。」「児童」は小学生で、「生徒」は中学生と高校生で、「学生」は大学生です。「懲戒」とは、退学、停学（無期停学、有期停学）、訓戒といったことです。二〇一三年に文部科学省が通知で示した例では、「殴る、ける、頬をつねる、頭を平手でたたく、ペンを投げて当てる、長時間の正座や直立、用便や食事を禁じる」は「体罰」で、「居残り、宿題、掃除をさせる、立ち歩きの多い子を叱って席につかせる、部活の練習に遅刻した子を試合に出させない」は「懲戒」で、「教員が身を守るための正当防衛、他の子や教師に暴力をふるう子の体を押さえつける、全校集会を妨げる子の腕を手で引っ張って移動させる」は「正当な行為」としています。「体罰」を禁止する考え方は、戦後に始まったものではありません。守られてきていませんが、日本に近代的な学校制度ができた明治時代から一貫して法律で禁止されてきたことです。一八七九年の「教育令」には「およそ学校においては生徒に体罰（中略）加ふべからず」とあり、一九〇七年の「改正小学校令」にも「小学校長及び教員は教育上必要と認めたるときは児童に懲戒を加ふることを得、ただし体罰を加ふることを得ず」とあります。したがって、「体罰」は暴行罪や傷害罪といった犯罪です。カナダやアメリカでは、教師は「体罰」で失職し、逮捕、裁判、罰金や服役といった刑事罰を受けるそうです。

　次に教師による「言葉の暴力」です。教育評論家の佐藤忠男は「言葉の暴力は、体罰以上に心理的には強烈で」、「言葉は目に見えない形で心を破壊」することもあると言っています。「言葉の暴力」について、教育学者の大田堯が『教育とは何かを問いつづけて』（岩波新書）で紹介している「漁民からの告発」（八九-九二頁）を例に考えていきたいと思います。大田が一九五一年に千葉県の漁村に調査に行った時の話です。村の小学校で保護者を相手に話をした最後に質問を受け付けたら、質問というのではないがと断った上で、中年の漁師さんが小学校四年の国語の時間での自らの体験を話し出したのだそうです。先生が黒板に「顔」という字を書いて「この字をなんと読むか」と聞いたので、当時身体の小さかった漁師さんは前の方にいて、思わず小声で「ツラ」と言ったのだそうです。そうしたら、先生が耳ざとく聞きつけて「大きい声で言ってみろ」と促したので、漁師さんは仕方なく大きな声で「ツラ」と読んだら、できる子たちがどっと笑い、教師は「だめだ」とか「ばかだ」とかと言ったのだそうです。それ以来、漁師さんは学校に行くのもいやになりましたと、話を終えたそうです。これは、「言葉の暴力」の問題であると同時に、教育評価の問題でもあります。大田は、「顔」を「ツラ」と読んだら、シンボルとそれがさす事物が何であるかは一応理解しているので、八〇％ぐらいは正解であるとしています。このような評価ができれば、教師はまずどっと笑ったできる子たちを「なんで笑うんだ」「おかしくないぞ」とたしなめて、間違った子には「いい線いっているぞ、もうちょっと別の言い方はないか」と聞き返して、「カオ」の正解を引き出すことはそれほど難しいことではなかったはずです。そして、こんなに恨まれなくてもすんだのではないかということになります。

「言葉の暴力」だけではなく、「笑われる」ということも人の心を傷つけます。児童心理学者の深谷和子が紹介している(「児童心理」二〇一三年一二月号)のですが、アメリカのルーズベルト小学校の「児童規則─私の市民としての権利」の1には次のようにあるそうです。「私には、この教室で、幸福でいる権利、思いやりをもって扱われる権利があります。それは、誰も私を笑わないこと、私の感情を傷つけないことを意味します。」言葉だけではなく、笑いも場合によっては暴力になります。日本の学校では、いろいろな場面で人を笑いものにするということがよくあります。

次は「比較」です。森田ゆりは『子どもと暴力』（岩波現代文庫）で、「比較」といった「外的抑圧」が「ありのままの自分を否定」し、「自尊心に傷をつける」ということを書いています。岩手県教職員組合と岩手県高校教職員組合が中学三年生と高校二、三年生の計五千人に行ったアンケート調査（一九八五）で、「先生へのお願い（高校生）」に「いかにも自分が賢く、生徒がアホみたいな言い方はやめてほしい」「他の一流校と比較したり、他の勉強のできる人と比較したりしないでください」というのがありました。また、「これだけは言ってもらいたくない言葉（中学生・高校生）」に「あの人はできるのに、あなたはできないのね、全く」というのがありました。他者（教師）による「比較」は、良ければ、優越感をもつことになり、極端な場合には「比較」によってしか自己確認できない、満足できないということが生じる可能性があります。また、悪ければ、劣等感をもつことになり、自分より良い人への嫉妬や攻撃心（いじめなど）を生じさせる可能性があります。もちろん自らする、自分よりもすぐれた人（ライバル）との「比較」も上述と同じ可能性がありますが、自分を知り、向上心を刺激して、自分を変える、自分を高める契機になる可能性もあります。他者（教師）による「比較」は、教育方法として問題があると考えます。

また、「させられる競争」と「自らする競争」にも同様のことが言えます。「させられる」「過剰な競争」は自信の喪失を招き、自尊心を損なう可能性があります。「自らする競争」にも同じ可能性がありますが、ライバルとの競争が自分を知るきっかけになり、向上心を刺激して自分を変える、自分を高める契機になる可能性があります。他者（教師）がさせる「競争」も、教育方法として問題があります。

次は「試験」です。「試験」において大切なことは、何のために「試験」をするのか、目的をはっきりさせることです。教育の目的・目標を実現するためなのか、理解できていないことを理解できるように、できないことをできるようにするために、理解できていない自分、できない自分を知る材料を得るためなのかといったことです。他者（教師）に「試される（験される）」のは、いやなものです。前述のアンケートに、「教師からかけられたいやな言葉」として「やってみるか、どうせできないだろうが」というのがありました。それに対して、自分で「試みる」ことは大切なことです。トライ、挑戦して、自分を知って、自分を変える契機になるからです。その場合、自分を変える可能性は様々あります。たとえば、得意な科目や不得意な科目を知って、得意な科目を伸ばすのか、不得意な科目をどうにかするのかといった可能性があります。作家の井上ひさしは高校時代、自分がどんなに努力しても「三百人のうちの百番以内に入るのはむずかしい」ことを知って、それなら「おもしろいお話を考える職人になろう」と考えたそうです（井上ひさし『青葉繁れる』（文春文庫）「新装版あとがきに代えて」二四五―二四六頁）。義務教育には様々なことが用意されています。成績の点数だけにとらわれるのではなく、様々なことにトライ、挑戦して自分を知ることが大切であると考えます。

最後に「暗記」です。九九の計算や百人一首の「暗記」のように、その時は意味を理解することができなくても、繰り返して憶えることは重要なことです。ただし、「暗記」のみに偏ることの弊害もあります。繰り返すことに興味をもつことが大切であると考えます。興味をもって考えながら繰り返すと自然に「暗記」できるということもあります。

10　教育方法とその歴史

教育方法の歴史は、「個別教授」に始まります。「個別」というのは、教育者と被教育者の一対一の関係の意味で、「教授」というのは、教育者が被教育者に「教え授ける」という意味です。日本の江戸時代の「寺子屋」も、一人の教育者が多数の被教育者を相手にしていますが、「教え授ける」際は、教育者と被教育者が一対一であったので、「個別教授」ということになります。古くからの「家庭教師」が「個別教授」と言えます。

しかし、「個別教授」は非効率的であるということから、次に「助教法」という教育方法が生まれてきます。被教育者の中で年長の成績の良い被教育者を「助教（補助教師）」として、「助教」と被教育者の一対一の関係を「助教」を多くすることで増やし、「助教」が指導できないことが出てきたら、教育者が「助教」に一対一の関係で「教え授ける」というものです。（念のために言っておきますが、現在の大学における「助教」とは違います。）

そして、「教授」の方法として、最後に出てきたのが「一斉教授」です。「一斉教授」は、一人の教育者が学年とか学級とかといった被教育者集団を教えるという、一対多数の方法です。被教育者集団は、暦年齢による学年制が一般化するようになります。

「教授」は教育者が中心で、ヨーロッパでは、画一的な同一の内容を被教育者の能力に関係なく教え込むということで、「注入教育」と言われました。教科書の百科全書的な知識を暗記するということ（「暗記主義」）が中心に行われた結果、教育は被教育者にとって退屈で苦痛なものになっていきます。学校は「格子なき牢獄のようなもの」とさえ言われるようになります。こうした「教授」方法に対する批判から、もっと楽しく能率的なものにできないかと、「教授」方法の改善が求められるようになったのです。

支配階級の学校における言語教授の改革として、オランダのエラスムス（一四六七―一五三六）とフランスのラブレー（一四九四―一五五三）は暗記主義の注入教育を批判し、教育内容を被教育者にふさわしいものに、興味あるものにしようとします。ドイツのラトケ（一五七一―一六三五）は強制による形式的な暗記主義を排除し、十分な母国語教育を行った上でラテン語教授を行うべきであるとし、「単純から複雑へ」「既知から未知へ」「直観・具体から抽象へ」という自然に従うことを提唱します。「直観」というのは「直接観る」ということで、直接的な経験を意味します。チェコ（ボヘミア）のコメニウス（一五九二―一六七〇）はラトケと同様に、具体的なものの観察や直観的な方法による経験を重視し、「正確に、迅速に、そして愉快に」を教授方法のモットーとして、世界ではじめて「絵入り教科書」を作ることになります。

庶民の学校における教授方法の改革として、フランスのルソー（一七一二―七八）は社会の悪い影響を排除して被教育者の生まれながらの自然に即した教育である「消極教育」に基づいて被教育者の自然である成長発達の段階に即した教育方法である「合自然の方法」と具体的な事物の直接的な経験に即した教育方法を提唱します。スイスのペスタロッチ（一七四六―一八二七）はルソーの「合自然の方法」の影響を受けて、具体的事物の感覚的な観察（直観）を通して被教育者に認識の基本的要素である形と数と語を獲得させる「実物教授法」を提起します。その過程は「直観から観念・概念へ」「観念・概念から思考へ」という言葉に端的に表現されています。前章の「15 近代教育学の成立の歴史②」でも述べた通り、ドイツのヘルバルト（一七七六―一八四一）は表象心理学の立場を取り、表象は、たとえば○や△や□…といったもので、まず「明瞭」に把握され、把握された表象は類似の表象と「連合」され、これらが論理的に「系統」付けられて、最後はそれが「方法」的に応用されるという、「明瞭」「連合」「系統」「方法」から成る「四段階教授法」を提唱しています。このヘルバルトの教授法から、ドイツのライン（一八四七―一九二九）は「予備」「提示」「比較」「概括」「応用」から成る「五段階教授法」を生み出します。これらの方法は、日本にも紹介され、使われることになった方法です。

ここまでがヨーロッパにおける教授方法の改革ですが、アメリカのデューイ（一八五九―一九五二）は「教授」から「学習指導」への改革を行います。「教授」は教育者が中心で、知識をいかに教えるかという主知主義的側面が強かったのですが、「学習指導」においては「学習」の主体はあくまで被教育者で、教育者は教育の主体である被教育者にいかに学習させるか、いかに経験させるかということで、「指導」的な位置付けになります。デューイは「プラグマティズム（行為主義）」の立場で「手作業から知的作業へ」という考えの下に、生活における様々な経験を学習と考えています。被教育者は生活の中で様々な問題に遭遇（そうぐう）します。そうした問題を解決する道具が思考です。思考を通して問題解決のための試案を考え、試案を試行して実践的に問題解決ができれば、その経験が学習ということになります。もし、解決できなければ、また思考に戻って、試案を考えるということになります。この試行錯誤を通して問題を解決する過程が「問題解決学習指導」ということになります。

アメリカでは、個人差の発見や個性の尊重ということから、「学習指導」の個別化が行なわれます。「個別学習指導」としては、一九一五年に「能力別学級編成」や「自学自習」の方式が採（と）られます。そして、一九一九年には、知的教科である共通必修科目の「個別学習指導」と創造的な活動科目である「集団学習指導」を組み合わせる方式が導入されます。ところが、一九二九年に「世界大恐慌」が起こり、それに伴って生じた社会的な混乱を解決できる人材が「個別学習指導」によって育っていなかったことに気付かされます。そうして、一九三〇年に「共同学習指導」を中心とする「集団学習指導」へと舵（かじ）を切ることになります。学校も学級も一つの共同社会であるという考えに基づいて、学習の「共同化」（「協同化」）を図り、社会性のある人間の育成を目指すことになります。社会性のある人間とは、一方ではリーダーシップのとれる（統率力のある人）のことであり、他方ではフォロー（バックアップ）のできる人を意味します。その際、状況や場面に応じてリーダーになったり、フォローにまわったりというように、適切に役割交替のできる人間の育成が望ましいということです。こうして、個人の能力の「競争」から多様な諸個人の「協力」へと「学習指導」の方法が変わることになります。

日本では、明治時代から敗戦（一九四五）までの学校教育における教育方法が「一斉教授」で、戦後（一九四五以降）の方法が「学習指導」ということになります。

「学習指導」には「問題解決学習指導」の他に、「系統学習指導」や「発見学習指導」があります。「系統学習指導」は、教科ごとに指導すべき教育内容を予めはっきりと押さえておいて、それを教育内容の論理に従って順序よく指導し、学習させる方法です。「発見学習指導」は、被教育者があたかも新たに発見したかのような再発見を通して被教育者に知識を学習させるように指導していく方法です。この方法は、一九五七年に宇宙開発競争のライバルであったソビエト連邦に先を越されたアメリカに生じた「スプートニク・ショック」（「スプートニク」は世界初のソビエト連邦の人工衛星の名前です）がきっかけとなって起こった「新カリキュラム運動」によって生まれた方法で、「問題解決学習指導」と「系統学習指導」の両者に対する批判の上に登場した方法です。

11　学習指導の原理

現在の学校教育の方法である学習指導の原理を見ていくことにします。一つ目は「自発性の原理」です。「自発性の原理」とは、学習は被教育者の内からの発動のないところでは行われないということとです。例えで言えば、水を飲みたい欲求をもたない馬を水辺に連れてっても決して水を飲まないということです。内からの発動とは、たとえば、面白いといった感情に裏付けられた、学びたいという「内在的欲求」「自発的欲求」です。この「内在的欲求」に発した学習は継続すると言われています。それに対して、褒められたい、認められたい、お金がもらえるといった「外在的欲求」も学習を促しますが、この「外在的欲求」による学習は欲求が満たされてしまうと、継続されず、一時的になることが多いと言われています。「自発性の原理」において教育者の役割は、教育内容が面白いといった刺激を被教育者に与えること、「内在的欲求」を刺激することということになります。

「自発性の原理」に関係する理論として、スイスの心理学者であるピアジェ（一八九六―一九八〇）の「学習理論」があります。ピアジェは、人間は「学習する動物」であると考えています。人間は生まれつき学習するようにできているというのです。それゆえ、もし人間が学習しないとしたら、それは学習を抑止する力が働いているということになります。

学習を抑止する力として、たとえば不適切（不適正）な評価を挙げることができます。小学校に入学してくる子どもたちの眼はいろいろなことを学びたいと生き生きと輝いています。ところが、学校では、学んだことを常に試（験）されます。憶えたかどうか、できるようになったかどうか。その上、点数まで付けられます。良い点数の人はまだいいですが、悪い点数ばかりとっていると、学ぶこと自体がいやになっていきます。できるだけ学びたくなくなります。学べば学ぶほど、試される範囲が広がる訳ですから。

また、家庭環境や社会環境も学習の抑止力になることがあります。たとえば、両親の不和が学習を抑止することがあります。あるいは、そんなことを学んでも何の役にも立たないといった周りの大人たちの偏った考え方も学習を抑止する力になります。

教育者にできることは、この学習を抑止する力をできるだけ取り除くことです。学習を抑止してしまうならば、たとえば、試験や評価はなくしてしまってもよいのかもしれません。自分がどれだけ理解したかを知りたければ、自分で問題を解いてみたりして試せばいいだけですし、自分がどれだけできるようになったかを知りたければ、自分で試しにやってみればいいだけですから。

教育学者の佐藤学は『学力を問い直す』(岩波ブックレット、六〇頁)で次のように述べています。「子どもたちを創造的で探究的な学び手に育てるためには、他者と比較して評定したり、賞賛したり叱責したりする機能をもつ評価活動はむしろ有害です。〈学び〉に対する評価は、〈学び〉の経験それ自体の充実感と、〈学び〉の喜怒哀楽を共有する仲間と教師と親の承認と励ましでなければなりません。」

次の学習指導の原理は「直観の原理」です。「直観」は「直接観る」「直接経験する」ということです。「直観の原理」は、教材の学習にあたっては、その教材に関する実際の事物について感覚的直観を経ることが大切であるということです。世界ではじめて「絵入り教科書」を作ったコメニウス(一五九二―一六七〇)は「あらかじめ感官に存しないもので知性に存するものは一つもない」と言っています。また、「実物教授法」を提起したペスタロッチ(一七四六―一八二七)は事物の直観によってはじめて確実な知識が成立すると考えていました。しかし、すべての教材に関して、実物を用いることはできません。それで、実物の直接的な経験に代わって登場するのが「代理経験」です。「絵入り教科書」の絵もそうですが、写真、模型、標本、スライド、映画、ラジオ、テレビ、ステレオ、ＤＶＤ…といったものを通した経験です。

しかし、ここで注意しなければならないことがあります。それは、実際の経験と「代理経験」は違うということです。「代理経験」の限界を示す実験があります。これまで中国語に触れたことのない幼児を均一に二つのグループに分けて、一方のグループには、実際に中国語の教師が指導をし、他方のグループには、一方のグループに行った実際の指導をビデオにとったものを見せて、両グループの教育効果を調べるという実験です。その結果、実際に指導を受けたグループの方が、ビデオを見せられたグループよりも教育効果があったというのです。できれば、実際の経験がよいと考えられます。絵画もそうですし、音楽もそうです。スポーツもテレビで見るのと、実際に競技場に行って見るのとでは違います。実際の経験が一番です。それでも、実際の経験ができない場合に、「代理経験」が有効になります。

三つ目の学習指導の原理は「個性化の原理」です。「個性化の原理」には、目的の側面と方法の側面があります。目的の側面は、被教育者の個性を引き出すように教育者は学習指導しなければならないということです。方法の側面は、被教育者の個性に即して教育者は学習指導しなければならないということです。しかし、これはなかなか難しいことです。目指すべき理念や方向性と考えてもいいかもしれません。

この「個性化の原理」と相補し合う学習指導の原理が四つ目の「社会化の原理」です。「社会化の原理」にも、目的の側面と方法の側面があります。目的の側面は、被教育者を社会的存在とさせ、社会的人格にまで形成する（社会性を身に付けさせる）ように教育者は学習指導しなければならないということです。方法の側面は、学習を共同して行う（教えたり教えられたりといった）「共同学習」（「協同学習」）を通して社会的人間を形成する（社会性を身に付けさせる）ように教育者は学習指導しなければならないということです。

佐藤学は『学力を問い直す』の四五頁で「学びにおいて必要なことは、わからない（できない）ときに階段を降りて下から昇りなおすのではなく、仲間や教師の援助によってわかる（できる）方法を模倣し、自分のものにすることが大事です」と記しています。また、佐藤は『学校を改革する』（岩波ブックレット、二七―二八頁）で次のように述べています。「わからない子どもの「ねえ、ここどうするの？」という問いから出発する対話において、つぶさに観察すると、その恩恵がわからない子どもも以上に、応答している子どもにももたらされていることに気づく。わかっている子どもはわからない子どもへの応答によって、「わかり直し」を経験しているのである。」

「共同学習」（「協同学習」）が有効であることを示した事例としては、二〇〇〇年の「ＰＩＳＡ（国際学力比較テスト）調査」結果が挙げられます。ＯＥＣＤ（経済協力開発機構）が加盟国二八か国と非加盟国四か国の一五歳の生徒を対象に「読解リテラシー」を中心として行った「国際学力比較テスト（ＰＩＳＡ）」の結果で、フィンランドが断トツで世界一の成績を上げたことと、それまで高学力と思われていたスイスとドイツが一七位と二一位で、平均以下の成績であったことが世界に衝撃（ショック）を与えたのです。これは「ＰＩＳＡショック」と言われています。

フィンランドの高い成績の要因として指摘されたことが、フィンランドでは、小学校も中学校も小規模であり、その結果、多くは複式学級で、多様な能力をもつ子どもたちが協同で集約的な学びをしていることでした。また、ドイツは一〇歳（小学四年生）で、大学進学を目指すエリート教育の学校と、工業教育や実業教育の専門学校に接続する学校、そしてそれ以下の成績の生徒の行く学校の三段階の中等教育学校に分けられていて、そのエリート教育の学校の生徒よりも、エリート教育を行っていなかったフィンランドの上層の生徒の成績の方がよかったことも世界にショックを与え、「共同学習」（「協同学習」）の有効性を示したと考えられています。（佐藤学『習熟度別指導の何が問題か』岩波ブックレット、一七-二六頁）

12　生活（生徒）指導とその原則

学校教育の方法である「指導」には、「学習指導」の他に「生活（生徒）指導」があります。「生活（生徒）指導」は、被教育者の自己形成を援助する指導です。被教育者が知性や情緒や社会性など全体的に調和のとれた健全な人格形成ができるように、教育者が指導することです。「生活（生徒）指導」は、「教育基本法」の前文の「個人の尊厳を重んじ、真理と正義を希求し、公共の精神を尊び、豊かな人間性と創造性を備えた人間の育成」、ならびに「教育の目的」の「人格の完成を目指し、平和で民主的な国家及び社会の形成者として必要な資質を備えた心身ともに健康な国民の育成」のための指導であると位置付けられます。

特に「生活（生徒）指導」が必要になるのは、被教育者が様々な問題にぶつかった時です。その際、教育者が気を付けなければならないことは、被教育者に代わって、こうしろ、ああしろと助言をして、問題を解決することではないということです。被教育者が抱える問題を被教育者自身が自ら考えて解決できるように援助することが重要です。将来、様々な問題にぶつかった時に自分で解決できる力を身に付けさせることが「生活（生徒）指導」では大切なことです。被教育者に「自己解決力」を身に付けさせることです。もちろん、一人で解決すると言っても、誰にも頼らず、一人で解決することを言っているのではありません。他の誰かに相談するということや他の誰かを頼りにするということも大切なことであり、それも力です。「自立した子どもは依存できますし、依存できる子どもは自立できるのです。」（佐藤学『「学び」から逃走する子どもたち』岩波ブックレット、五九頁）そのような依存も含めての「自己解決力」です。ただし、誰かに相談するにしても頼るにしても、いろいろ考えて最終的に判断するのは自己です。その自己を形成することが「生活（生徒）指導」です。

「生活（生徒）指導」の方法には、カウンセリングや三者面談を含む「個人指導」と「集団指導」があります。「個人指導」のカウンセリングでは、教員以外の専門の教育と訓練を受けたカウンセラー（「学校カウンセラー」）も必要になります。「集団指導」は、ホーム・ルーム、児童会・生徒会活動、クラブ活動、学校給食、学校行事（儀式、学芸的行事、保健体育的行事、遠足など）といった「特別活動（特別教育活動）」の様々な場面を通して、集団に対して行われる指導ということになります。教員は「集団指導」を意識しながら、様々な場面で発言し行動することが求められます。

次は、「生活（生徒）指導」の原則です。一つ目の原則は、「個人の尊重」ということです。「9教育方法の問題点」で紹介した岩手県の中学生と高校生のアンケートには、生徒の「個人の尊厳」を傷つける教師による以下のような言葉がありました。「バカだなぁ」「バカじゃないか」「バカ！あの高校にいけるか」「あんたバカね」「バカだもんなお前」「バカヤロウ」「おまえは、もう救いようがない」「おまえは、もうダメだ」「あんたは何をやってもダメなのねぇ」「おまえは何をやっても、いくらやってもダメなやつだ」「二度と学校へくるな」「おまえみたいな生徒はいない方がいい。早く学校やめろ」「中学校に来るな。小学校へ行け」「死ね」「死んじまえ」「バカは生命保険に入って死ね」「アホ」「まぬけ」「デブ」「最低」「クズ」「とりえなし」「おまえはやってもむだだから」「もう手おくれです」「おまえは、言いにくいが見込みがないのです」「バカ、アホ、死んだ方がいいんじゃないか」「おまえは人間のくずだ」「おまえが生きているのは社会の迷惑」「おまえはレベルが低い」。

哲学者であるカント（一七二四－一八〇四）は「人間の尊厳」について次のように記しています。「一切のものは価値をもつか、そうでなければ尊厳をもつか、二つのうちのいずれかである。価値をもつものは、何か他の等価物で置き換えられうるが、それに反してあらゆる価値を越えているもの、すなわち価（値段）のないもの、したがって、また等価物を絶対に許さないものは尊厳をもっている。」（『道徳形而上学原論』）人間は「あらゆる価値を越えているもの、すなわち価（値段）のないもの、したがって、また等価物を絶対に許さないもの」です。個人の尊重とは、個人の「人間としての尊厳」を傷つけないことです。そして、生徒の主体性を尊重することです。

二つ目の原則は、「将来性の配慮」です。「あの高校にいけるか」「もう救いようがない」「おまえはやってもむだだから」「もう手おくれです」「おまえは、言いにくいが見込みがないのです」といったように、被教育者の将来を見通しているかのように、被教育者の将来を決めつける教師がいます。これまでこうだから、今こうだから、こうなると。しかし、その人の過去や現在から、未来を予測することは本当に難しいことです。野球のドラフト会議で上位指名された選手が必ずしも活躍しないことからも理解できると思います。被教育者の未来を決めつけることは、教師としては決してしてはならないことです。常に被教育者の未来を配慮して指導をしなければなりません。

三つ目の原則は、最初に述べたように「生活（生徒）指導」はあくまで援助的な指導でなければならないということです。主体は被教育者です。決して教師が主体になって、被教育者を従属させるような指導であってはなりません。

四つ目の原則は、「平等の原則」です。しかし、「平等」と言っても、すべての被教育者に同じ時間を使って同じように対応するといった意味での「平等」ではありません。問題を抱えて悩んでいる、どうしようもなくなっている被教育者に多くの時間をかけるということは「平等」に反することではありません。教師の指導を必要としている被教育者すべてに指導を行うという意味での「平等」です。

五つ目の原則は、「全体性の確保」です。「生活（生徒）指導」は、学業指導、進路指導、職業指導（就職の斡旋（あっせん）を含む）、社会的・道徳的指導、健康指導、余暇指導と全体に渡る幅広い指導であるということです。

六つ目の原則は、「客観性の確保」ということです。「生活（生徒）指導」は、教師やカウンセラーの主観的な見解に基づくのではなく、客観的で信頼できる資料に基づいて行われなければならないということです。教師の個人的な見解や経験に基づいて、指導がなされることがあります。それは絶対に避けなければなりません。

以上が「生活（生徒）指導」の原則です。このように、教師になるということは、人間とは何か、人間の尊厳とは何かといった哲学的な側面から、就職斡旋といった現実的な側面に至るまでの幅広い知識と、その知識を実践に生かせるだけの技量が求められているということになります。常に被教育者を個人として見て、被教育者にとって何がよいのかと考えながら、被教育者に寄り添う姿勢が求められているということです。その際、常に教師には反省が求められることになります。これでよかったのかどうか、他に指導の仕方はなかったのかどうか、悩みながら、教師自身も被教育者と共に成長する存在であることを忘れてはならないと考えます。人間に関わるとは、そういうことです。

13　教育評価の問題点

「9　教育方法の問題点」において大田堯『教育とは何かを問いつづけて』（岩波新書）の「漁師からの告発」（八九-九二頁）を例として取り上げ、「顔」を「ツラ」と読んで「だめだとかばかだとか」教師に評価され、できる生徒にどっと笑われて評価された漁師さんがそれ以来学校に行くのもいやになったという話を「教育方法の問題点」として紹介しました。この問題は同時に「教育評価の問題」でもあります。大田は、「顔」を「ツラ」と読むことは「シンボルとそれがさす事物が何であるかは一応わかっているのですから、正解に八〇％（？）ぐらいは接近していた」という評価をしています。「顔」の読み方を聞くという教育の目標は、「カオ」という読み方に到達させることとです。八〇％正解であるという評価は、残りの二〇％をどのように辿らせるかという工夫につながります。教師が笑った生徒の評価のおかしさをたしなめて「いい線いっているぞ、もうちょっと別の言い方はないか」と尋ねれば、「ツラ」から「カオ」はすぐ引き出せたはずです。さらに、漢字に関する教育の目標は、象形文字としての漢字の面白さに気付かせることとです。また、一字一字意味を表わす表意文字である漢字から、表音文字である「カタカナ」や「ひらがな」を日本人は作ったこととか、「顔」を「カオ」と読む「訓読」と「ガン」と読む「音読」があるとか、漢字には教育にとって面白い要素がたくさんあるはずです。教育の目的や目標を踏まえて、教育を行ったら、そして適正な評価を行ったら、学校に行くのもいやになるといったこともなかったと考えられます。

前章の「12　学校教育の理念」でも述べましたが、私も小学四年生の音楽の時間に、一人ひとり歌を歌わされて、教師に「音痴だ」と評価され、同級生に笑われるという評価を受けて、それ以来、人前で歌を歌えなくなったという経験があります。音楽の教育目標は、歌うにしろ、演奏するにしろ、音を楽しむことです。たとえ音痴でも、大きな声で歌うことは楽しいことです。そして、「音痴」を直す方法は、正しい音程の人の歌を聴いて、あるいは楽器の音に合わせて大きな声で歌い続ける以外にはありません。人前で歌を歌えなくなったというのは、音楽教育にとって致命的です。しかも、「音痴」という評価の後、教師から「音痴」を直す指導はありませんでした。不適切な教育評価は、被教育者の学習の抑止力になります。学習の楽しさを奪うことにもなります。

次は、かなり以前に新聞（「朝日新聞」一九九四年一二月一七日）に載っていた、石倉三郎さんとお笑いコンビを組んでいたレオナルド熊さんの次のような話です。「子供がテストで「行」という漢字のはねをしていないだけで、罰点をつけられた。学校にどなりこんでいきましたよ。「これでも、読めるじゃないか」ってね。先生は「私立の中学に入るにはきちんとしていなければなりません」。うちは私立になんか入れる気はない。（笑）」この話には、現在の学校における教育評価の基準に入学試験という選別のための基準が用いられているという問題が示されています。入学試験は選別のための試験です。選別するためには、差を付けなければなりません。そうすると、細かい違いで差を付ける評価が採(と)られることになります。しかし、学校教育では本来その必要はありません。はねのない「行」を正解にして、はねを付けて返せば、学校における評価は成り立つはずです。ところが、現実は、学校教育の評価に入学試験の評価が持ち込まれているということです。入学試験が前提になって、学校教育が行われているということです。そして、教育評価が選別の手段になり、テストの結果である点数を上げることだけが目的になるといった問題が生じることになります。

次は、子どものインタビューをまとめた『子供!』(スタジオ・ヌー編)の中に載っていた、次のような話です。「地理のテストのとき、教科書の「ビニル・ハウス」「ミシシッピ川」を「ビニール・ハウス」「ミシシッピー川」と書いたらバツだった青梅市の中学三年生(15)。「バッカじゃなかろうかってウワサがたっているけどね」と語り、「学校じゃ、どの先生の授業がいいとか、あれはやめちゃおうとか選べないじゃない」と抗議している。」「ビニル・ハウス」や「ミシシッピ川」の英語のスペルを書かせたのなら、理解できますが、英語の読みをカタカナにしたものには、幅があるはずです。教科書の記述だけが正しいと教師が考えているとしたら、おかしなことです。そのおかしさに中学生は気付いていて、逆に教師を評価しているのです。教育評価というのは「評価しつつ評価されつつの過程」であると言われます。教育評価を通して、教師は逆に評価されることになります。

また、私の経験です。大学一年生の時、ドイツ語を選択したのですが、そのドイツ語の先生の名字が「大河原(おおがわら)」で、先生には「鬼瓦(おにがわら)」というあだ名があったので、厳しい先生なのだろうと思って授業を受けました。ところが、大河原先生は「鬼」ではなかったのです。ちゃんとした先生でした。その時気付いたのですが、大学ではちゃんとした先生を「鬼」というのだということでした。それでは「仏」はどんな先生かというと、いいかげんな先生で、ほとんど出席もしておらず、試験も書けないのに、単位をくれる先生のことでした。これなどは、間違った教師評価の例です。実際は、いいかげんな先生が「鬼」で、ちゃんとした先生が「仏」なはずです。「鬼」と「仏」が逆です。

教育評価の方法には、「相対評価」と「絶対評価」、そして「相対評価」を使った「個人内評価」というのがあります。詳しくは、次回の授業で説明しますが、ここでは、「相対評価」の問題点についてだけ述べたいと思います。「相対評価」で一般的なのが、「五段階相対評価」です。「五段階相対評価」は1と5が一〇％（正確には七％）、2と4が二〇％（二四％）、3が四〇％（三八％）と割り振る評価です。これは「正規分布」に基づくものです。母集団の数が多くなればなるほど、「正規分布」に近付きます。ところが、母集団が少ないと、成績が「正規分布」にそぐわないということになります。まわりの人の成績に評価が左右されるということです。たとえば、ある高校では5の評価の生徒の成績が別の高校では3の評価を受けることにもなります。評価は母集団によって違ってくるということです。これが「相対評価」の問題点です。

以上、教育評価の問題点について見てきました。最後に、教育評価の問題点をまとめておきます。一つは、評価の基準・尺度の問題です。二つ目は、評価の仕方（方法）の問題です。一つ目と二つ目の問題は、教師の質（能力）の問題でもあります。三つ目は、評価が学ぶこと自体の楽しさを奪ってしまうという問題です。そして、四つ目は、被教育者から学校教育の目的・目標を達成しようとする意欲をなくさせてしまうという問題です。三つ目と四つ目の問題は、教師の教育に対する考え方（教育哲学）の問題でもあります。

次回の授業では、以上の問題点を踏まえた上で、本来の教育評価はどうあるべきなのかということを考えていきたいと思います。

14 教育評価

前回の「教育評価の問題点」を踏まえて、教育評価の本来の意味について考えたいと思います。まず、教育評価はあくまで教育の目的・目標を実現するための手段であって、決して教育評価それ自体が目的になってはならないということです。教育課程（カリキュラム）の教育目的・目標に照らして被教育者が目的・目標に到達しつつあるかどうかを、教育者と被教育者が知るための手段であるということです。そして、教育目的・目標に照らして現在の位置を知ることができたら、さらに目的・目標に近付くためにどうしたらよいのかと、教育者も被教育者も方策を考えることが必要になります。そこまで含めて、教育評価の射程ということであり、教育評価ということになります。「顔」を「ツラ」と読んだ被教育者の評価が八〇％であるとして、残りの二〇％をどのようにして埋めて「カオ」に至らせるかということまで含めて、教育評価ということです。

したがって、教育評価は、テスト（試験）などの評価資料（点数）の被教育者への提示で終わるものではなく、その評価資料の解釈と解釈結果のその後の学習指導での活用まで含まれることになります。そして、その評価資料の解釈に際して大切なことは、テストの間違いの分析です。たとえば、問題文から数式を作ってその数式を解いて答えを出すという算数のテストで間違ったとします。その際、同じ誤答でも、問題文の理解ができていたのかどうか、問題を構成している諸要素間の関係を理解していたのかどうか、問題に即して何を回答すべきかを理解していたのかどうか、回答を出すための式を立てることができたのかどうか、立てた式を正しく計算できたのかどうか、分析しなければなりません。同じように答えが間違っていても、問題文が理解できていないのと立てた式を正しく計算できないのとでは、その後の学習指導が全く違ったものになるからです。これが誤答の解釈の大切さです。

こうして、教育評価がテスト結果の提示で終わるのではなく、その後の学習指導に生かされ、教育目的・目標が達成された時、はじめて被教育者はどうしてテストが必要であったのかということを理解することになるのです。教育方法の授業でも指摘しましたが、人は他人に試されることはいやなものです。点数を競わせるだけのテストや目的のはっきりしない不必要なテストはするべきではないと考えます。被教育者を試すことは回避すべきです。

次に、教育評価の対象について見ていきます。教育評価というと、その対象として被教育者だけを思い浮かべるかもしれませんが、被教育者（学習者）を対象とする「被教育者（学習者）評価」だけではなく、教育者（指導者）を対象とする「教育者（指導者）評価」、さらに学校を対象とする「学校評価」と教育環境（家庭、地域社会、マス・メディア等）を対象とする「教育環境評価」がありま す。「被教育者（学習者）評価」と「教育者（指導者）評価」は、前回の授業で取り上げましたが、「評価しつつ―評価されつつの過程」であるということになります。教育者の「被教育者評価」は、同時に「教育者評価」として教育者自身に跳ね返ってくることになるからです。

そして、教育評価の場面には、試験場面の他に、観察場面があります。日常的な教育場面において観察される評価です。どのような態度で授業を受けているのかとか、学習への取り組みはどうであるのかとかといった評価です。実は、学校教育においては、試験場面の評価以上に、この日常的な教育場面での評価が大切になります。

また、教育評価の用具には、標準テストと教師作成テストがあります。標準テストとしては、知能テスト、適性テスト、標準学力テスト、人格（性格）テストなどがあります。知能テストは、学習レディネスの評価を目的として使用されます。教師作成テストには、論文体テスト、客観テスト、問題場面テスト、ゲス・フー・テストなどがあります。ゲス・フー・テストは、お互いに熟知している集団に「集団の中で最も親切な人は誰だと思いますか？」などと、行動や態度や能力などに関する質問を行い、その報告の結果に基づいて人物の評価をするテストです。私は中学三年生の時に、担任の先生から「隣（となり）になりたい男子と女子は誰ですか？」というゲス・フー・テストをされたことがあります。先生は、その結果をもとにして座席を決めました。クラスの中で孤立している人を評価して、孤立させないような座席を決めたのだと思います。

そして、評価用具の選定基準は、評価用具が評価の目的に適っているかどうかの妥当性、評価用具の信頼性と実用性、そして評価結果の客観性です。

最後に、テストなどの評価資料の処理方法と解釈の仕方についてです。評価資料の処理方法には「絶対評価（到達度評価）」「相対評価」「個人内評価」があります。「絶対評価（到達度評価）」は、大学の六〇点以上を合格とし、六〇点から六九点までをC、七〇点から七九点までをB、八〇点から八九点までをA、九〇点から一〇〇点までをSとするといった評価の仕方です。この「絶対評価」では、全員がSでも、Aでも構わないということになります。逆に、この評価においては、全員が六〇点以下のFでもよいということになる訳ですが、その場合は、教育者の教育方法が問われることになります。

「相対評価」は前回の授業で取り上げた「五段階相対評価」の他に、標準偏差を五〇とする「偏差値」を使った評価もあります。

「個人内評価」は「相対評価」を使った評価の処理方法で、「縦断面的評価」と「横断面的評価」があります。「縦断面的個人内評価」は、たとえば被教育者の「相対評価」で出された以前の成績と現在の成績を比較するという評価方法です。たとえば、Aさんが以前の成績が七〇点で、現在の成績が八〇点、Bさんの以前の成績が五〇点で、現在の成績が七〇点だとします。「相対評価」では、以前の成績も現在の成績もAさんの方がBさんよりも良いということになりますが、「縦断面的個人内評価」では、Aさんの以前の成績と現在の成績の上昇の差が一〇点なのに対して、Bさんの以前の成績と現在の成績の上昇の差が二〇点ということで、Aさんよりも Bさんの方が評価されることになります。人は他の人と比較されて評価されることは、特に低く評価されることはいやなものです。それで「縦断面的個人内評価」は、あくまでその人の以前と現在を比較して評価するというものです。

「横断面的個人内評価」は、レーダー・チャート（蜘蛛の巣チャート）を使って、個人の各教科や各領域の成績（「相対評価」で得られた成績）などを全体的に比較して評価する方法です。たとえば、各教科の成績やスポーツ・テストの各領域の成績を全体的に評価する際に使われたりしています。その際、評価の解釈の仕方としては、良い面に重きを置くか、あるいは劣っている面を重視するかで違ってきます。そして、それに応じて、その後の指導の仕方も違ってきます。個人の性格によって、良い面をさらに伸ばした方が全体としても良い結果の得られる人と、劣っている面を改善した方が全体として良い結果につながる人がいます。その見極めが指導者にも被教育者自身にも求められることになります。

教育評価においては、「絶対評価」「相対評価」「個人内評価」の中で特に他者と比較しない「個人内評価」が大切であると考えます。個人を他者と比べるのではなく、あくまで個人として見る評価がこれからは重要になってくると考えています。

15 教師・教職

教育の論理は、自己否定の論理であると言われています。教育は、これでよかったのかという否定、つまり反省が常に必要になるということです。教師は、常に自己の教育活動に関して、さらに教育に対する考え方に関して否定的に反省することが求められます。また、被教育者に「成績の良い子」とか「がんばり屋さん」とか「問題児」とかレッテルを貼(は)る教師がいますが、そうすると、レッテル以外の面が見えにくくなる、あるいは全く見えなくなるということが生じます。そうしたレッテルを否定してみることも必要になるということです。あるいは、現在当然のように行われている教育をこれでよいのかと疑ってみる姿勢も必要になるかもしれません。教師には、教育に関して教育とは何か、教育の本質を問う姿勢が常に求められていると考えます。このようなことが、自己否定の論理の一つ目です。

自己否定の論理の二つ目は、教育は常に被教育者にとって自分（教育者）を必要としない状態を目指して行われるという意味での自己否定です。学校教育の目的である被教育者の卒業は、被教育者が教育者を頼りにすることなく、一人でやっていける状態になるという、被教育者の自立（自律）を意味しています。教育者にとって、被教育者の卒業がうれしいようなさびしいような複雑な心境になるのも、その所為(せい)です。子どもの独立が親にとってうれしいようなさびしいような心境になるのと同じです。このように、教育はある意味で教育者の存在の否定を目的としているということです。

次は、教師の資質についてです。教師の資質として求められることに、専門的な知識の所有者でなければならないということがあります。専門的な知識としては、教科に関する専門的知識と被教育者に関する専門的知識、そして教育（教職）に関する専門的知識があります。被教育者に関する専門的知識を獲得するための教職科目としては「教育心理学」「特別支援教育」「生徒・進路指導の理論と方法」「教育相談の理論と方法」などが挙げられます。教育（教職）に関する専門的知識を獲得するための教職科目としては、この「教育原理」「教育学概論」「教職概論」「教育制度論」「教育社会学」「教育課程論」「教育方法論」などが挙げられます。

教師の資質として求められる二つ目は、教師は教育技術の体得者でなければならないということです。教師は専門的な知識を単に所有しているだけでは駄目で、その専門的知識を教育実践の場で生かすことができなければならないということです。しかも、この教育技術は一定の固定的な型がある訳ではなく、創造的な性格のものであるということです。教育においては相手である被教育者がいる訳で、その被教育者は一人ひとり違い、被教育者集団もそれぞれ違いますから、ある被教育者に、あるいはある集団に有効であった技術が他の被教育者や集団に常に同じように通用するものではないということです。その都度、教育者には教育技術をアレンジする工夫が求められることになります。相手を見ながら、臨機応変に変えることが必要です。

そして、教師の資質として求められる三つ目は、教育愛です。これは、専門的な知識や教育技術に命を吹き込む最も重要なものと言ってもいいかもしれません。教育愛には、教科に対する思い（愛）と被教育者に対する思い（愛）、そして教育や教育の可能性に対する思い（愛）があります。

教育者が教える教科に関して、被教育者に伝えたいこと、たとえば教科の面白さとか大切さとかの思いがなければ、教育は無味乾燥なものになってしまいます。被教育者にどうしても教科内容のこのことを伝えたいという教育者の思いが大切であるということです。そのためには、教える教科に関する専門的な知識を常に深めていくことが教師には求められています。教師自身が教える教科を本当に面白いと思えるかどうかです。

次は、被教育者への思い（愛）です。この愛は、自己否定的な愛です。被教育者が自分を必要としなくてもやっていけるように、被教育者の自立（自律）を目的とする愛です。そのために、被教育者にとって何が最もよい教育なのかを常に反省的に考えることです。被教育者の過去と現在と未来を大切にすることです。被教育者の過去を理解しようとし、現在の被教育者への最善の働きかけを心掛け、被教育者一人ひとりの未来の可能性を信じることです。決して被教育者の未来を否定するようなことがあってはなりません。未来は誰にもわかりませんから、良くも悪くも決めつけないことが大切です。

そして、教育、教育の可能性への思い（愛）です。人間はそんなに容易に変わるものではありません。しかし、また人間は良くも悪くも変わる存在でもあります。教師の誠実で地道な働きかけによって良い方へ変わることがあると信じることへの思いです。

最後に、教師になると、被教育者に好かれたい、テレビドラマの教師役の主人公のように好かれたいと思うかもしれません。確かに、嫌われるよりも好かれた方がよいに決まっています。しかし、過度に好かれたいと思わないことが大切です。場合によっては、被教育者に嫌われても、教育者の立場を守り、教育者としての仕事を誠実に行うことが必要な場合があるからです。その上で、結果として評価され、好かれることになるかもしれないと考えておいた方がよいと思います。まして被教育者に媚びていては、教師失格であると考えます。教職は大変な仕事であると思いますが、それだけにやりがいのある仕事であると言えます。教師になることがあったら、被教育者と共に育つ教師になってください。

Ⅲ　「教育哲学」

1 「教育を哲学する」ということ

「教育哲学」の講義の全体を通して参考にした文献は、村田昇編『教育哲学』(有信堂)です。また、この講義と次回の講義の参考文献は、長田新編『教育哲学の課題』(東洋館出版社)です。

一般的に、自然科学や科学技術も含めて諸々の学問の起源は、「哲学」であると考えられています。このことを示すように、英語の省略形で「博士号」は「Ph.D.」と表記されます。「Ph.D.」は「Doctor of Philosophy in …(…における哲学の博士)」の省略形で、「…」には学問名がきます。どのような学問(専門)で「博士号」をとっても、すべて「哲学の博士」(たとえば「理学における哲学の博士」とか「工学における哲学の博士」とか)であるということになります。「哲学」が諸々の学問の「元締め」のようなものとして考えられていた時代の名残であると言えます。

「フィロ(愛する)」と「ソフィア(知恵)」をくっつけて「フィロソフィア(哲学)」という言葉を造り、「対話」による「哲学」を始めたのは、古代ギリシアの都市国家アテナイ(アテネ)出身のソクラテス(紀元前四六九-三九九)であると言われています。ソクラテスは「対話」を通して多くの人々に大切なことを気付いてもらおうとしました。彼の哲学には教育的行為の側面があり、彼の哲学はある意味で「教育哲学」であるとも言えます。

ソクラテスの「対話」に始まった哲学の方法は、その後、「弁証法(べんしょうほう)」「論理的証明」（これは「数学的証明」と通じるところがあります）そして、自然科学や科学技術の方法である「実験的証明」へ至ることになります。

自己紹介のところでも述べましたが、「教育哲学」は、教育に関して、当然のこと、当たり前のこととして比較的問題にされることのない常識といったこともあえて問題にし（疑い）、その陰に隠れている教育の本質を明らかにしようとする学問です。常識といったこともあえて疑い、問題にするためには、そしてその問題の陰に隠れている教育の本質を明らかにするためには、哲学とその方法が必要になります。さらに、物事の本質を根源的・根本的に、そして全体的・総合的に捉えようとするのが哲学です。この講義では、「教育哲学」の方法論と様々な立場の哲学に見られる教育哲学思想を考察していきたいと考えています。

2 「教育哲学」の課題

「教育」や「教育の問題」は、われわれにとって身近な関心事であり、身近な問題です。それだけに、「教育」や「教育の問題」に関しては、誰もがいろいろな自分の考えをもつことになります。それはそれでよいことなのですが、その際、「教育」や「教育の問題」は、常識的な考えに支配されやすくなるという側面ももっています。その結果、常識的な考え方にとらわれて、「教育の本質」や「教育の問題の核心」が隠れてしまうということも起りがちになります。そこで、「教育の本質」や「教育の問題の核心」を明らかにしようとする「教育哲学」が必要になると考えます。これが「教育哲学」の課題の一つです。以下、Ⅰ「教育学概論」やⅡ「教育原理（中等）」の講義内容などで取り上げた例を使いながら、説明していきたいと思います。

「教育」と言うと、「躾」や学校での「知的な教育」のみと捉える一般的な考えがあります。それに対して、私は、Ⅰの「3　語源から見た「教育」」で「教育」に関する言葉の意味の解釈（「解釈」というのも哲学の重要な方法です）から「教育」を「保護」「身心の養育」「社会化」「個性化」の全体と理解する考えを示しました。そして、Ⅰの「9　家庭教育の理念」で、「保護」や「身心の養育」に関して鷲田清一『悲鳴をあげる身体』（PHP新書）の七一―七二頁からの引用に基づいて、「保護」や「身心の養育」は「存在の世話」であり、それが「じぶんが無条件に肯定されるという経験」「人生への肯定感情」を育み、「じぶんが存在する価値があるものとして認めること」「人間の尊厳」（「自尊心」）を育てる大切な教育的働きをもっていることを示しました。さらに、「生きるということが楽しいものであることの経験」が「教育」にとって重要であり、人生にとって大事な土台を形成することを指摘しました。その際、永井均の「子供の教育において第一になすべきことは、道徳を教えることではなく、人生が楽しいということを、つまり自己の生が根源において肯定されるべきものであるということを、体に覚え込ませてやることである。生を肯定できない者にとっては、あらゆる倫理は空しい。この優先順位を逆転させることはできない。」(『これがニーチェだ』講談社現代新書、一二三頁)という考えを紹介しました。

また、Iの「7　教育と社会の関係の問題①」で「いじめ」の問題を取り上げた際、まず「いじめ」という言葉を、小学校入学以前の子どもの「いじわる」や暴行、傷害、恐喝といった「犯罪」と区別して、継続的に繰り返される「言葉の暴力」や「無視」と定義しました。そして、「いじめ」の問題を考察する上で、発達心理学や社会学といった他の分野の様々な知識が必要であり、全体的・総合的に考察しなければならないことを示しました。このような言葉の定義や全体的・総合的な考察も哲学、そして「教育哲学」にとって大事な方法であり、課題です。

さらに、「いじめ」の背景には、現在の日本社会が抱える「学歴社会」という現実があることを指摘しました。この現実の問題も、われわれの思考や行動を拘束し、われわれの自由な思考や行動を奪うという側面をもっています。そして、そういった拘束や束縛から思考を解放し、現実を変えるための思想を生み出すということも「教育哲学」の大きな課題であると考えられます。

実際の学校は、「入学試験」が中心にあって、ランクのより高い上級学校へ進学することを良いことと考える教育を行っています。そして、これが現代日本の学校教育の現実を成しています。このことをIの「12　学校教育の理念」で、鷲田清一『「聴く」ことの力―臨床哲学試論』(TBSブリタニカ)の「あとがき」(二六六―二六七頁)を参考にして、次のように説明しました。実際の学校では、教育者（先生）が所有物のようにもっている知識を被教育者（児童・生徒）に教える。そして、被教育者がその知識をちゃんと憶えたかどうか験す（試験をする）。被教育者は答えが当たるか当たらないかだけを意識することになる。それに対して、あるべき学校の姿としては、教育者が被教育者に伝えたいことがあり、伝える。被教育者は知りたい、学びたい、教えてほしいと、教育者の言葉に耳を傾ける。そして、教育者の伝えたいことに、被教育者は応えようとする。この応えに正解はないし、その時応えることもあれば、その後の人生を通して応えることもあるといった性質の応えです。

また、発達心理学者である浜田寿美男は『赤ずきんと新しい狼のいる世界』（洋泉社）の中の第一部第一章「子どもはただ守られておとなになるのではない」で次のように述べています。「学校で勉強して身につけた力は、自分たちのいまの生活に生かされていく」（三五頁）「〈学習―評価―学習〉という（中略）サイクルのなかで学んだ力が、生活のなかに生きるものになっているかどうかが、そのつど確認されなければなりません。」（三七頁）ところが、実際の学校では「〈評価―学習―評価〉という単位で区切られて、それが前面に出ています」（三九頁）。「身につけた力が子どもたちのなかでどう生きているかを確認することがなく、ただ力を身につけるというところにだけ焦点を当て、そのところを評価し、子どもたちがその評価を高めることにだけ邁進すれば、学ぶことの意味は、その実質を失って、ひたすら制度化してしまいます。」（三九頁）「学ぶことの意味は、すべての評価・成績を高めるという制度的意味に集約」（三九頁）し、「子どもたちを順位づけ、人材を配分する」〈四一頁〉ことになっています。

私はⅡの「9　教育方法の問題点」で、「試験」という漢字の意味から、「試す（験す）」という意味だけではなく、「試みる（験＝試みる）」という意味があることを指摘し、学校教育はいろいろなことを試みて、自分を知り、自己実現を図ることを可能にする機会を用意してくれているということを示しました。そして、井上ひさし『青葉繁れる』（文春文庫）の「新装版あとがきに代えて」（二四五—二四六頁）で、仙台の高校時代「わが校は県下の秀才を集めていたので、わたくしの能力ではどんなに勉強しても三百人のうちの百番以内に入ることはむずかしかった」、そこで「おもしろいお話を考える職人になろう」と、「仙台にくる映画を全部観て、お話の作り方を勉強したい」と考えて実行した話を紹介しました。

教育を哲学しているのは、教育哲学者だけではありません。作家である井上ひさしも、発達心理学者である浜田寿美男も、もちろん哲学者である鷲田清一も永井均も、教育について哲学しています。彼らは、それぞれ専門も立場も違いますが、教育にとって大切なこと、教育の本質について語っています。

この講義では、次回以降、「教育哲学」の方法論も含めて、様々な立場の哲学に見られる教育哲学思想を考察していきたいと考えています。そして、このこと自体も「教育哲学」の重要な課題であると言えます。

3　ソクラテスの「対話」

この「ソクラテスの「対話」」に関しては、田中美知太郎『ソクラテス』（岩波新書）を参考にしています。

古代ギリシアの哲学者であるソクラテス（紀元前四六九–三九九）は、実際に行った青年たちとの「対話」を、母親パイナレテの晩年の仕事である「産婆」になぞらえて、「産婆術」であると語っています。当時の「産婆」の仕事は、神に仕える神聖な仕事で、子どもを産まなくなった、身分の高い女性の仕事でした。「神に仕える」というのは、神の意をくんで、産まれてきた子の「吟味」を行ったことによると考えられます。妊婦が子を産むのを助ける「助産」という点では、現在の助産師と同じですが、「吟味」という点では違います。

ソクラテスは、自分を先生と慕って集まってきた青年たちに対して、産婆が子を産まないように、自分はもはや知恵を産み出すことはできないと、したがって何を聞かれても答えることはできないと、「無知」を主張します。それで、ソクラテスは一方的に青年たちに聞いていきます（問います）。そうすると、青年たちは先生と慕っているソクラテスから聞かれる（問われる）訳ですから、一生懸命考えて答えます。ソクラテスは青年たちの答えを産婆のように「吟味」して余計なことは捨て、大切なことのみ残して問い返します。青年たちはまた一生懸命考えて答えます。この過程を繰り返すことによって、青年たちは自ら知恵を産み出すことができた、つまり知恵のある者になったというのです。そうして、ソクラテスは青年たちが知恵を産み出すのを助けた、産婆と同じ「助産」の役割を果したことになります。

これがソクラテスの「産婆術」です。この「産婆術」は「教育」についての一つの考え方と方法を提示していると考えられます。「産婆術」においてその主体が妊婦であったように、「教育」の主体はあくまで被教育者であって、「産婆術」において産婆が妊婦を助ける「助産」的な役割を担っていたように、教育者は、被教育者が自ら知恵を産み出すことを助ける援助的・補助的な役割を担うべきであるというものです。このように、ソクラテスの「対話」は「教育哲学」の側面をもっていたと理解できます。

ソクラテスの「対話」には、もう一つの側面があります。ソクラテスはある時期から、「対話」の相手を青年たちから、当時の体制を支えていた権力者や権力に近い人々(政治家、ソフィスト(弁論術の職業教師)、劇作家、詩人、手工者…)に替えていきます。ソクラテスの気持ちは、青年たちとの「対話」の時と同じように、権力者たちにも知恵を産み出してほしいという思いでしたが、権力者たちは青年たちとは違い、ソクラテスとの「対話」を望んではいませんでした。それでも、ソクラテスが権力者たちと「対話」することができたのは、権力者たちのそれぞれの専門的知識に関して多くの市民がいる前で聞いていったからです。たとえば、政治家は政治について公衆の前で聞かれたとしたら、答えざるをえません。答えなかったら、政治家失格ということになります。それで、権力者たちはいやでもソクラテスと「対話」せざるをえなかったのです。

ソクラテスは青年たちとの「対話」の時と同じように、自分は「無知」であるという立場をとり、一方的に権力者たちに彼らの専門に関して聞いて(問うて)いきます。権力者たちはしぶしぶ答えます。ソクラテスは権力者たちの答えを吟味して問い返します。権力者たちはまたしぶしぶ答えます。これを繰り返していくと、「対話」の相手の側の答えの数は増えていくことになります。答えの数が増えるということは、その答えと答えの間で食い違い、矛盾が生じる可能性が増大していくことを意味します。そして、実際に矛盾が生じたら、「対話」を聞いている聴衆は「対話」の相手である権力者たちに対して「専門家なのに、本当は何も知らないのではないか」と思うようになります。「対話」の相手は否定されることになります。それに対して、「無知」の立場で「対話」を始めたソクラテスは「無知だと言っているが、本当は何か大切なことを知っているのではないか」と聴衆に思われることになります。つまり、肯定されることになったのです。

この「対話」の際、ソクラテスは問題になることの前提となることを問題にしています。たとえば、ソクラテスが推薦する人物Aと「対話」の相手が推薦する人物Bのどちらがすぐれた市民かということが問題になった時、Aがこうだから、すぐれた市民である、Bがこうだから、すぐれた市民であると「対話」するのではなく、この問題の前提になっていること、すなわち、ソクラテスと「対話」の相手がそれぞれ前提にしている「すぐれた市民とは何か」ということを問題にします。また、ソフィスト(弁論術の職業教師)であるゴルギアスが弁論術を知っていて、弁論術を教えることができるかということが問題になった際は、ゴルギアスはこうだから、弁論術を知っている、こうだから弁論術を教えることができる、こうではないから知らない、教えることはできないと「対話」するのではなく、ソクラテスとゴルギアスがそれぞれ前提にしている「弁論術とは何か（何に関する技術なのか）」を問題にします。この「対話」をする際にそれぞれが前提にしていることを問題にするということは、「教育」においても「学問・研究」においても大切なことです。暗黙の前提を問う姿勢です。

　こうして、ソクラテスは問題になっている前提となることを問題にし（問い）、「対話」の相手から矛盾を引き出して相手を否定し、相手に、「対話」の聴衆にも、前提となること（これは実は大切なことなのですが）を気付かせようとしたのです。ソクラテスにとって前提となる大切なことは、「対話」の相手がもっている専門的な知識や技術の前提になる「精神の善（よ）さ」「すぐれた精神」といったことでした。専門的な知識も技術も本当の意味で人々の役に立つためには、それらがよく使われなければなりません。専門的な知識や技術は悪いことにも使われる可能性がありますし、すべての人々のためではなく、単なる個人的な利益のためにのみ使われることもあります。それらがよく使われるためには、使う人の「精神の善さ」「すぐれた精神」が必要であるとソクラテスは考えたようです。このソクラテスの思想は、「教育」「学問・研究」について考える時、大切なことを指摘していると言えます。

　ソクラテスの「対話」に影響を与えたと言われている論理があります。それは、宇宙の中のすべてのもの（万物）の本性について考えた、古代ギリシアのソフォス（知者）であるゼノンの論理です。「帰謬法（きびゅうほう）」とか「背理法（はいりほう）」と言われる論理です。ゼノンは一元論（宇宙の中のすべてのものは一つのものからできているという説）が正しいと考えて、それを説明するために用いた論理です。仮に、一元論でない（否定）とすると、多元論（二元論も含めた）になるが、多元論（二元論）には矛盾がある。したがって、多元論（二元論）ではない（否定）。ゆえに、否定の否定（二重否定）から一元論が正しい（肯定）というものです。矛盾は、存在が多（二）であるならば、有限であると共に無限であり、相似であると共に非相似であるというものです。

このゼノンの論理にもソクラテスの「対話」にも見られるのが、「否定」と「矛盾」です。そして、ソクラテスの「哲学」は、現在の学問・科学の起源を成しています。現在の学問・科学において「否定」や「矛盾」がどのように考えられているのかというと、現在でも学問・科学においては、「矛盾」を避けなければならないということです。学問や研究において「矛盾」を指摘されることは、「否定」を意味します。しかし、すべての「矛盾」を避けることはできません。「矛盾」に気付いたり、「矛盾」を指摘されたりしたなら、その「矛盾」による「否定」は、「矛盾」と「否定」を媒介にして大切なことに気付いてもらおうとしたソクラテスの「対話」と同様に、よりよい「肯定」のための「否定」であることを忘れてはなりません。学問・科学における「否定」は、個人を攻撃したり、否定したりするものではなく、学問・科学のよりよい進歩のためにあるということです。このことは、「教育」においても妥当することであると考えます。「矛盾」の指摘や「否定」は、被教育者のよりよい成長のために使われるべきものであるということです。

4　プラトンの「弁証法」

この講義で参考にした本は、中埜肇『弁証法』（中公新書）と中村雄二郎『哲学入門』（中公新書）です。

プラトン（紀元前四二七–三四七）は、一八歳から二八歳までソクラテスに師事し、ソクラテスと行動を共にします。その間、彼はソクラテスがいろいろな人と行った実際の「対話」を聞き、ソクラテスの裁判にも立ち会って裁判での弁明も聞きます。そして、ソクラテスの死後、弁明や「対話」を思い出しながら、『ソクラテスの弁明』『クリトン』『パイドン』『饗宴（シンポジオン）』などの「プラトン前期対話篇」と言われるものを書き残します。これらがソクラテスの思想を今日に伝えている最初の哲学書ということになります。

プラトンは四〇歳の時に、アテナイ（都市国家）の郊外に学園「アカデメイア」を創設します。「アカデメイア」という学園名は、学園がギリシアの英雄アカデモスの社の近くに創られたことに由来しています。プラトンはアカデメイアで、現在で言うところの教育と研究を行います。その際、彼が思考の方法として用いたのが「弁証法」です。「弁証法」は、ソクラテスが行った実際の「対話」をモデルにした架空の「対話」です。プラトンの頭の中で想定されたソクラテスといろいろな人が「対話」をするという形式になっています。プラトンは「弁証法」を使って自らの哲学（思想）を展開しています。

四〇歳から六〇歳まで書き残されたものをまとめて「中期対話篇」と言います。プラトンの主著と言ってもよい『国家（ポリテイア）』や『パイドロス』『パルメニデス』などがあります。そして、六〇歳から八〇歳まで書き残されたものが「後期対話篇」と言われ、『ソピステス』『政治家』『クリチアス』などがあります。

「弁証法」の原語とその意味についてですが、「弁証法」の原語の意味は、実は「対話」の原語の意味と同じですので、まず「対話」の原語とその意味について見ていきます。ちなみに、漢字の「対話」の「対」は「向かい合った一対」の意味で、漢字の「対話」は相対する立場の人々が「話」に関わるといった意味です。「対話」の原語は、ギリシア語の「ディアロゴス」です。「ディア」は「分ける」「分け持つ」「分有する」という意味で、「ロゴス」は「集める」「数える」「枚挙（まいきょ）する」「語る」「話す」という意味の動詞「レゲイン」の名詞化されたもので、「収集」「計算」「目録（カタログ）」「話」「言葉」という意味です。「ディアロゴス」の場合には、「ロゴス」は特に「話」や「言葉」という意味が重要で、「ミュトス（説話、寓話（ぐうわ））」に対して「実際にあった事柄に関係する言葉」という意味で、さらに「事柄そのもの」や「事柄の本質」を意味しています。したがって、「ディアロゴス」は「複数の人々がある事柄（問題）に関わって（を分けもって）事柄の本質を究める（問題を解決する）」という意味になります。この「ディアロゴス」の意味は、ソクラテスの「ディアロゴス（対話）」とは違います。ソクラテスの「対話」は、問題になることの前提となることを問題にし、「対話」の相手から矛盾を引き出して相手を否定し、前提となっている大切なことを「対話」の相手に、そして「対話」の聴衆にも気付かせるというものでした。

次に、「弁証法」の原語とその意味についてです。その前に、漢字の「弁証法」の「弁」は「二つに分ける」という意味で、特にこの場合は「肯定と否定といった対立する二つに分ける」という意味で、「証」は「明らかにする」という意味です。「弁証法」の原語はギリシア語の「ディアレクティケー」で、「ディア」は「ディアロゴス」の「ディア」と同じで、「レクティケー」は実は「ロゴス」と同じ意味です。ということは、「ディアレクティケー」の意味は「複数の人々がある事柄（問題）に関わって（を分けもって）事柄の本質を究める（問題を解決する）」ということになります。もし、同じことを表わすのであれば、二つの言葉は必要ありません。実は「ディアレクティケー」の「複数の人々」は、「ディアロゴス」の「複数の人々」が「実際の人々」であったのに対して、プラトンの思考の上で想定された「架空の人々」であったのです。したがって、「ディアレクティケー」の意味は、「対話的な思考」「自己内対話」「実際の「対話」をモデルにした思考の方法」ということになります。

哲学は、事柄や問題を一人で深く考えることが必要です。しかし、一人で考えていると、独断（独(ひと)りよがり）や一面的な見解に陥(おちい)ってしまうということが生じる可能性があります。実際にそうなると、哲学ではありません。そうならないために、一人ひとりのもっている有限性（能力の限界）を「複数の人々」で克服しようとしたところにソクラテスの実際の「対話」が生まれ、そして実際の「対話」をモデルにした架空の「対話」、つまり「弁証法」が生まれたと考えることができます。

「対話」におけるソクラテスと他者の間の実際の「対話」も、プラトンによって想定された架空の他者と他者の「対話」、つまり「弁証法」も、その「対話」を媒介しているのは、同様に「疑ったり（懐疑したり）」「別の考えを示したり（批判したり）」する「否定」という性格、つまり「否定性」です。この「懐疑」や「批判」は、後の哲学者の方法になります。「懐疑」を方法にしたのは、フランスのデカルト（一五九六―一六五〇）であり、「批判」を方法にしたのは、ドイツのカント（一七二四―一八〇四）です。

今日の講義の最後に、「弁証法」のもう一つの構造を見ておきます。「弁証法」の他者と他者の間のやりとりの構造です。プラトンの中期対話篇『国家』の「哲学者とは何か」ということが問題になった、架空のソクラテスとプラトンのお兄さんであるグラウコンとの「対話」を例にします。

最初に、哲学者とは「知恵を欲求する人」という肯定的な言明がなされます。それに対して、「ある種の知恵は欲求するが、ある種の知恵は欲求しない人」も「どんな知恵でもすべて欲求する人」もいるが、「どちらも哲学者なのか」という否定的な言明がなされます。ここで、肯定的言明と否定的言明が対立することになります。この対立の両者のある面は捨てて、ある面は保持したままで、両者を共に生かすようにして、「どんな知恵でもすべて欲求する人」が哲学者であるという肯定的な言明がなされます。これが「対立の統一」「対立の和解」「対立の止揚（しよう）」と言われるものです。「止揚」という言葉は、ドイツの哲学者であるヘーゲル（一七七〇―一八三一）の「弁証法」の用語である「aufheben（アウフヘーベン）」から来ています。「アウフヘーベン」というドイツ語は、「捨（す）てる」と「保つ」という全く相反する意味をもった厄介な言葉なのですが、それをヘーゲルは「弁証法」の構造を説明するのに使ったのです。それで、「捨てる」は「止める」に、「保つ」は「揚げる」になって、「止揚」となります。ある面は「止めて」、ある面だけを「揚げて」統一するということです。そして、上述の肯定的な言明に対して、「どんな知恵でもすべて欲求する」が「見物好きな連中」や「技芸の愛好家たち」や「単なる実践家たち」も哲学者なのかという否定的な言明が投げかけられることになります。この肯定的言明と否定的言明の対立も「統一」（「和解」「止揚」）されて、「真実を観ることを愛する人」が本当の哲学者であるという肯定的な言明に至ります。

このように、直線的にではなく、否定を媒介にしてジグザグに、事柄の本質に近づいていく（問題を解決していく）のが、「弁証法」の構造ということになります。この構造が、ヘーゲルやマルクス（一八一八-八三）の歴史の発展を説明する「弁証法」に使われることになります。ヘーゲルでは、特に精神の発展の歴史であり、マルクスでは、社会の発展の歴史です。「弁証法」は、哲学の根幹を成す方法です。教育哲学にとっても重要な方法ということになります。

5　ヘーゲルの「弁証法」

ヘーゲル（一七七〇-一八三一）は、ドイツ観念論の哲学者です。「観念論」というのは、物質や物質的世界の客観的実在性に対して、精神とか理念とかといった観念的なものの根源性を主張する立場です。

ヘーゲルは、前回の講義で取り上げたプラトンの「弁証法」の構造を、精神の発展の歴史を説明する「弁証法」として展開しています。ヘーゲルの著作には、「主観的な精神」の「意識」が「客観的な精神」の「悟性（ごせい）」を経て「絶対的な精神」の「理性」へと至る『精神現象学』というのがあります。また、「論理学」「自然哲学」「精神の哲学」から成る弁証法的な哲学体系の書である『エンチクロペディー』があります。

この講義では、自己の精神の発展の「弁証法」を取り上げたいと思います。ヘーゲルは、自己はまず自己を意識していないそのままの状態にあると考えます。この「自己を意識していないそのままの状態」を「即自（そくじ）」と言います。その自らをまだ知らない自己が自らを知るためにはどうしたらよいのか。自己の身体を使って、自己の外部のものに働きかけて、たとえば作品を制作するとか、働いて何らかの成果を上げるとかしなければなりません。これが自己のうちにあるもの（＝「即自」）を「表現」する、あるいは「外化（がいか）」する行為ということになります。そうして、「表現」され「外化」されたもの、つまり作品や労働の成果が自らの外に自らに対して示されることになります。これを「対自（たいじ）」と言います。「対自」は、自己の外にあって、他者として自己の意識に「対して」いるものです。ここに、「即自」と「対自」の「対立」が生じます。その「対立」を「止揚（しよう）」する（＝「統一」する、「和解」させる）形で、自己のうちにあったものを外へ「表現」した（＝「外化」した）ものを媒介（ばいかい）にして、それが自己のうちにあったものの「表現（外化）」であると、つまり自己であると意識することが可能になります。これを「即自かつ対自」と言います。「他者において自己自身の下にある」とか「他者の中で自己自身を知る」とかということになります。

しかし、この過程は、一回きりのものではありません。自己が制作した作品を通して（媒介にして）、自己の可能性（「即自」）を「対自」として知ることができても、それに満足しない場合が考えられます。一旦できあがった作品と「対立」するということが生じる可能性です。そうすると、作品にさらに手を加えて、手を加えられた作品を通して（媒介にして）、また自己を知ることになります。こうして、自己の精神が作品と共に高められていくと、ヘーゲルは考えたのです。

労働の成果に関しても同じことが言えます。たとえば、畑で穀物を栽培するとします。穀物が自己の労働の成果ということになります。この成果を通して（媒介にして）、自己の「即自」を知ることになります。それと同時に、もっと多く穀物を栽培したいとか、もっと品質のよい穀物を栽培したいとかという「対立」が生じる可能性が出てきます。そうすると、この「対立」を「止揚」するために、自己は気候や土壌や種子などの研究をしたり、土壌や種子の改良をしたりすることになります。こうして、「対立」を通して、自己が高まっていくことになり、その結果、労働の成果も高まっていくことになります。

このように、自己の精神は、自己に対立する他者を媒介にして、段々と高まっていく可能性をもったものとして理解されることになります。また、このことは、芸術といった文化にも言えます。ある偉大な芸術家のそれまでの芸術との「対立」を「止揚」する形で、芸術文化が高まってきたと理解するのです。

こうして、すべての精神的な文化は、精神自らが生み出した他者との「対立」を「止揚」する形で、絶対的なものへと上昇していくと、ヘーゲルは考えたのです。そして、その頂点に、自らの精神を概念的に理解する哲学があると考えたのです。

私は、現代ドイツの教育哲学者であるテオドール・リット（一八八〇-一九六二）を研究しています。リットには、ヘーゲル弁証法の「批判的な革新の試み」という副題をもつ『ヘーゲル』（一九五三）という本があります。私は、現在その本を中心にして「テオドール・リットの弁証法」という論文を書いています。第一部「思惟運動」と第二部「精神の哲学」が終わったところで、現在、第三部「自然哲学」に取り掛かっているところです。ちなみに、第四部は「論理学」です。

リットは、ヘーゲルの「世界精神」とか「絶対精神」とかといった超個人的な精神は否定しつつも、単に具体的で特殊な個人の精神だけではなく、個人を越えた精神、すなわち学問的な精神とか歴史的な精神とかといったものも考えています。

ヘーゲル「弁証法」のリット「弁証法」への影響は、自己が他者を媒介にして歴史的に自己生成すると考えるリットの「弁証法」に見られます。教育哲学ということで言えば、被教育者は、教育者が媒介してくれる「自然的な、あるいは歴史的―社会的―文化的な現実」の習得、あるいはその現実との対決の過程を通して、自己生成するというものです。リットは、このことを、主観が自己自身になるのは、「自然的な現実」や「歴史的―社会的―文化的な現実」という「他者において」のみである、と言っています。その際、現実も、その媒介過程を通して継続的に形成されたり、あるいは変更されたりしますし、教育者も、被教育者に現実を媒介する過程で更なる形成も変化もします。これは、三項的な、ないし三者の間での「弁証法」です。また、リットは、反省によって自己自身を段々高めるという「弁証法」を示しています。自己は自らの限界を、その反省によって越える自己生成過程にあるというのです。

リット「弁証法」とヘーゲル「弁証法」の相違点は、リットの「弁証法」においては、ヘーゲルと違って、「対立」は「止揚」されない「対立の弁証法」であり、「対話的な弁証法」であるという点です。人間は、有限であるがゆえに、高所に立って「対立」を「止揚する」ことはできないというのです。リットは、「止揚」されない「対立」を「二律背反」として捉え、その認識がその都度の具体的な実践的解決を個人に要求していると考えています。これが、「対立」ゆえに、対立者との「対話」の可能性と、「対話」を契機とした「自己生成」の可能性を開く「対話的な弁証法」です。人間は、間違う可能性をもっている、堕落する可能性をもっているという「二面性」を有しているがゆえに、その決定と行動に重みがあるのであって、それが「自己生成」を可能にするというのです。間違ったり、堕落したりする可能性をもっていながら、そうしないというところに人間の自己生成の意義があるという訳です。

6　アリストテレスの「論理的証明」と「数学的な三段論法（数学的証明）」

この講義に関して参考にした本は、中埜肇『弁証法』（中公新書）と山下正男『論理学史』（岩波全書）です。

プラトンの弟子であるアリストテレス（紀元前三八四―三二二）は、プラトンの「弁証法」を「記述的定義」（概念の意味の明瞭化とそのクラスの確定）による「二分割法」であり、「対立の止揚（統一、和解）」は妥協であって、確からしさにすぎないと批判します。

「記述的定義」による「二分割法」について「哲学者とは何か」を例に説明しますと、「概念の意味の明瞭化」というのは「哲学者」という「概念の意味の明瞭化」ということになります。最初の「記述的定義」が「知恵を欲求する人」です。それに伴って、「知恵を欲求する人」の「クラス」が「確定」します。次に、「知恵を欲求する」といっても、「どんな知恵でもすべて欲求する人」と「ある種の知恵は欲求するがある種の知恵は欲求しない人」がいるが、どちらも「哲学者なのか」という疑問（否定）を受けて、「どんな知恵でもすべて欲求する人」という「記述的定義」になります。そうすると、「知恵を欲求する人」の「クラス」が「二分割」されたことになり、その半分の「どんな知恵でもすべて欲求する人」の「クラス」が「哲学者」ということになります。さらに、「どんな知恵でもすべて欲求する人」といっても、「見物好きな連中」とか「技芸の愛好家たち」とか「単なる実践家たち」とかもいるが、彼らも「哲学者なのか」という疑問（否定）を受けて、「真実を観ることを愛する人」というのが「哲学者」という「概念」のより「明瞭化」された「記述的定義」ということになります。こうして、「哲学者」という「概念の意味の明瞭化」がなされ、「どんな知恵でもすべて欲求する人」の「クラス」が「二分割」されることになります。

アリストテレスは、この「対立の止揚」が妥協であり、「記述的定義」が確からしさにすぎないと批判して「弁証法」を否定した上で、「論理的証明（論証）」が哲学の方法であると主張します。このアリストテレスの方法論を「オルガノン」と言います。後に、これが「論理学」になっていきます。

アリストテレスは、真の「論理的証明」として「帰謬法」（「背理法」）と「換位法」を挙げます。「帰謬法」（「背理法」）は、結論（帰結）を仮に否定して、そこから矛盾を引き出すことによって否定（二重否定）し、結論が真であることを証明する方法です。「換位法」は、命題の主語と述語を交換すること（換位）によってもその命題の真理値を変えない命題を使って証明する方法です。「命題」とは、「主語」と「述語」と「繫辞」から成っていて、「繫辞」は、「主語」と「述語」を結び付ける「である」とか「でない」とかです。「主語」と「述語」になることができるのが「概念」です。したがって、「命題」は「…は…である（ない）」といった文章ということになります。主語と述語を交換しても、真である「命題」というのは「いかなるａもｂでない」と「あるａはｂである」です。「いかなるａもｂでない」の主語と述語を交換すると「いかなるｂもａでない」になります。これらの命題は、ａの集合とbの集合が離れていることを示していますので、主語と述語を交換しても真です。また、「あるaはbである」の主語と述語を交換すると「あるbはaである」になります。これらの命題は、aの集合とbの集合が重なっていて、重なっている部分に当て嵌まるので、真であるということになります。アリストテレスが示した偽りの「論理的証明」は「反証」です。「反証」というのは、適当な否定的実例（現在の自然科学で言えば、法則に反するデータ）を一つ示して偽りであることを証明する方法です。

以上の「帰謬法」「換位法」「反証」を使って論理的に証明できることは証明します。しかし、すべてのことがこれらで証明できる訳ではありません。そこで、アリストテレスは、命題から命題を導き出す「推論」、その中でも特に「三段論法」に着目します。「三段論法」というのは、大前提と小前提の二つの命題から結論（帰結）の命題を導き出すものです。「人間は死ぬ」（大前提）、「ソクラテスは人間である」（小前提）ならば、「ソクラテスは死ぬ」（結論）といったものです。

この「三段論法」は、三つの命題と三つの概念からできています。命題には、四つの種類があります。「すべてのaはbである」（全称肯定命題）、「あるaはbである」（特称肯定命題）、「いかなるaもbでない」（全称否定命題）、「あるaはbでない」（特称否定命題）です。したがって、「三段論法」の数は、4（大前提の命題）×4（小前提の命題）×4（結論の命題）×3（概念）＝192となります。アリストテレスは、この一九二から一四まで「反証」によって減らします。一四のうちの四は「公理」といって、証明はできませんが、明らかに真と認められるものです。実は「人間は死ぬ」「ソクラテスは人間である」ならば「ソクラテスは死ぬ」という「三段論法」は「公理」のうちの一つです。証明はできませんが、「死ぬ」という集合の中に「人間」の集合が入り、「人間」の集合の中に「ソクラテス」が入るわけですから、当然ソクラテスは「死ぬ」という集合の中に入ることになります。アリストテレスは、その四つの「公理」と「帰謬法」や「換位法」を使って、残りの一〇の「三段論法」を証明し、この一〇の「三段論法」によって導き出される「結論」は証明されたものと同じであると考えたのです。

このアリストテレスの「三段論法」は、彼から約五〇年後のユークリッドが『幾何学原論』で示した「公理」としての数学的な「三段論法」と一致します。たとえば、「同じものに等しいものはまた互いに等しい」です。これは数式で表わすと、「a = b」「a = c」ならば「b = c」です。また、「等しいものに等しいものを加えれば、全体は等しい」は、「a = b」「c = d」ならば「a + c = b + d」です。さらに、「不等なものに等しいものが加えられれば、全体は等しくない」は、「a ≠ b」「c = d」ならば「a + c ≠ b + d」です。

ちなみに、アリストテレスの「論理的証明（論証）」と「数学的証明」は、命題（文章）を使うか、数式を使うかの違いはあっても、どちらも「演繹法（えんえきほう）」と言われるものです。数少ない「公理」をもとにして証明されたものの中で重要なものを「定理」とし、「公理」と「定理」を使って多くのことを証明していくというものです。「公理」が正しければ、証明されたことは一〇〇%正しいということになります。九九人が間違っていると言っても、一人が証明できれば、それが正しいということになります。

ところで、アリストテレスはプラトンの「弁証法」を否定して「論理的証明（論証）」を哲学の方法とした訳ですが、「論理的証明」の「帰謬法」は、ソクラテスの「対話」とプラトンの「弁証法」に影響を与えたゼノン（ソフォス（知者））の論理に同様に由来していますし、「反証」は、ソクラテスが「ソクラテスよりも知恵のある者はいない」というアポロンの神託（神のお告げ）を否定するために「対話」を通して「自分よりも知恵のある者を一人見つけ出そうとした」方法でもあります。そして、ソクラテスの「対話」とプラトンの「弁証法」とアリストテレスの「論理的証明（論証）」に共通しているのは、「否定」を使うということです。アリストテレスの「帰謬法」（「背理法」）では「二重否定」が使われていますし、「反証」においては「否定的な実例」が使われています。

以上が今日の講義内容です。アリストテレスの「論理的証明」や「数学的証明」は学問・科学の方法として重要な方法です。方法として取り上げない訳にはいかないのですが、「教育哲学」に直接結び付けるということになるとかなり難しい面があります。強いて結び付けるとすれば、「論理」は言葉の中に根付いているということではないかと考えます。特に、文章に、そして文章と文章をつなぐ接続詞に「論理」を見ることができます。「論理」を学ぶということは、言葉を、文章を学ぶということであり、言葉を、文章を学ぶということは、「論理」を学ぶということではないかと考えます。

たとえば、京都アニメーションを襲撃した容疑者の言葉「自分の作品を盗用されたから、ガソリンで火をつけた」は、「論理」が破綻（はたん）していると考えます。「自分の作品が盗用された」は、第三者によって確認可能な事実です。したがって、「自分の作品が盗用されたから、それを明らかにする」です。たとえ、それが事実でも「だから、ガソリンで火をつけた」にはなりません。これはもちろん犯罪心理学の問題かもしれませんが、日常的に言葉を、その中にある「論理」を正しく使えれば、また違った結果が生まれたのかもしれません。

7　「自然科学的な実験的証明」と「社会科学的な方法」

この講義で参考にした文献は、山本光雄『アリストテレス』（岩波新書）と藤沢令夫『ギリシア哲学と現代』（岩波新書）、『現代哲学の課題』（岩波書店）です。

アリストテレスは、最も広い意味での「哲学」に関しては、ソクラテスやプラトンの考え方を受け継ぎますが、より狭い意味での「哲学」を「形而上学」「自然学」「数学」といった理論に限定し、最も狭い意味での「第一哲学」を「形而上学」とします。「形而上学」はギリシア語で「メタフィジカ」と言います。元々は、現在のアリストテレス全集のもとになる、彼の学園リュケイオンでの講義録（二〇〇〇年以上行方不明だったのですが、紀元前一世紀頃に偶然見つかります）の編纂の過程で「フィジカ（自然学）」の「メタ（後）」に編纂されたものという意味でした。ところが、その内容が「自然学」を超えたことを扱っており、「メタ」には「超越」の意味もあったことから、「自然学を超えたことを扱う学問」の意味で、「メタフィジカ（形而上学）」は定着することになります。「形而上学」はすべての存在者（万物）を存在させて存在させなくする究極の原因、第一の原因、つまり神のようなものを扱う学問ということで、「神学」や「存在学」とも言えます。

アリストテレスは、より狭い意味での「哲学」を「形而上学」「自然学」「数学」といった理論に限定することにより、それらから、ソクラテスが重視した実践、特に「倫理学」やプラトンが重視した実践、特に「政治学」を排除したと言えます。そして、「倫理学」や「政治学」といった行為に関わる実践と製作・制作に関わる技術とを区別します。ここに、学問を序列化し、理論と実践と技術の分離を図ったアリストテレスの学問体系が現われることになります。この体系が現在の学問体系の始原を成すと考えられています。こうして、理論は実践のことを考慮することなく追究されることになり、理論と技術は実践のことを考えずに結び付く可能性が出てくることになります。この可能性の実現が後に、自然科学の飛躍的な進歩と、さらにその自然科学と科学技術が結び付いて成し遂げた画期的な成果を可能にしたのです。核分裂の理論を物理学者がどのように使われるかという実践、例えば核兵器として使われるかもしれないという可能性まで考えて研究しなければならなかったとしたら、大変なことであっただろうと考えます。

そして、このアリストテレスの学問体系は、後にトマス・アクィナス（一二二五-七四）によって中世キリスト教に取り込まれることになります。より狭い意味での「哲学」である「形而上学」「自然学」「数学」は、「形而上学」がキリスト教の「神学」に置き換えられ、「自然学」の「自然」はキリスト教の神が創造した自然とされ、後に「数学」を使って自然を理解すること（データの数量化や法則の数式化）は自然を創造したキリスト教の神を理解することとされます。このような「自然学」、後の自然科学の位置付けの中ではじめて、ガリレオ・ガリレイ（一五六四－一六四二）の宗教裁判の意味も見えてきます。彼の地動説がキリスト教の天動説に反した結果、彼は裁判にかけられたのです。自然科学の理解と宗教の理解が別物と考えられれば、こんなことにはならなかったのです。自然科学は、一六世紀以降コペルニクス（一四七三－一五四三）、ガリレオ・ガリレイ、ケプラー（一五七一－一六三〇）、ニュートン（一六四二－一七二七）といった人々によって始められた「自然学」「自然哲学」を始原としています。彼らは、キリスト教の神が造った自然を数学的に理解することによってキリスト教の神を理解しようとしたのです。

ところで、それまでの学問の方法は、プラトンの「弁証法」を除けば、アリストテレスの「論理的証明（論証）」や「数学的証明」に見られる「演繹的方法（演繹法）」が中心でした。それに対して、コペルニクスたちが採った方法は、「帰納的方法（帰納法）」と言われるもので、観察や実験を通して数多くのデータを数量化して集め、数量化された数多くのデータから共通性を見出して、それを数式化し、数式化された法則を検証する、あるいは実験的に証明する（実証する）といった方法です。その際、観察や実験に、たとえば望遠鏡や顕微鏡といった技術が使われることになります。この方法の転換を「科学革命」と言います。ちなみに、ここではあくまで自然の理解に重きが置かれていますが、一九世紀以降になると、この自然科学の理論を技術的に応用して積極的に利用しようとするようになります。この自然科学の科学技術への応用が「第二の科学革命」と言われるものです。これは「理論としての知識」から「役に立つ知識」への転換と見ることができます。

この「第一の科学革命」、特に「演繹法」から「帰納法」への転換を理論付けたのが、フランシス・ベーコン（一五六一－一六二六）です。彼は、アリストテレスの方法論である「オルガノン」を意識して『ノーヴム・オルガヌム（新しい方法論）』を出して、「帰納法」である「実験的証明（実証）」を主張します。「演繹法」である「論理的証明（論証）」や「数学的証明」は「公理」さえ間違いなければ、それをもとに証明されたことは一〇〇％正しいというものでした。しかし、一〇〇％正しくても、それで証明できることには限界があります。たとえば、自然の現象です。そこで、自然の現象を観察したり、実験したりして、数多くのデータを数量化して集め、そこから法則を見出して数式化する方法の妥当性を主張したのです。ただし、この法則の数式は、数学や記号論理学の数式とは違って、一〇〇％正しいとは限りません。観察や実験の精度が上がって、それまでの数式の法則に反するデータが出てくる可能性（「反証可能性」）があるからです。それでも、その時点で、検証ができれば、正しいとは言えます。自然の科学的な理解として成り立つことになります。

また、デカルト（一五九六－一六五〇）は、「方法的懐疑」を使って自然の全体を機械のように考えて要素（部品）に分解（分析）し、その要素から全体を組み立てて説明するという「機械論的自然観」を明らかにします。ここに、要素である「分子」「原子」「素粒子」や「化学元素」や「器官」「細胞」「遺伝子」から全体を説明する「物理学」「化学」「生物学」といった自然科学の「自然観」が正当化されることになります。

さらに、コント（一七九八－一八五七）は、「実証主義」の哲学を展開して、自然科学の法則が一〇〇％正しくなくても、つまり「絶対的」でなく「相対的」でも、ある程度の「確実性」や「正確性」があれば、それを「建設的」「現実的」に「有用」に使う方が生産的ではないかという「実証主義」を提唱して、「第二の科学革命」を後押しすることになります。この「確実性」や「正確性」に数学の「確率」や「統計」が使われることになります。

そして、この自然科学的な「実験的証明（実証）」の方法が社会科学の方法になっていきます。社会的現象に関する数量化されたデータを数多く集めて、そこに共通性を見出し、それを法則化していくというものです。この場合、より「統計」や「確率」といった数学が重要になってきます。たとえば、経済学や経営学といった学問は、以前であれば、数学は必要なかったかもしれませんが、現在では数学抜きでは成り立ちません。心理学もそうですし、社会学もそうです。そして、教育の問題を考える場合にも、同様の手法が必要になる場合があります。たとえば、「九月入学」の問題に関して、オックスフォード大学教授である苅谷剛彦（かりやたけひこ）は、「数字なき政策論議」を変えたいと、推計した社会科学的試算を行い、九月入学が実施された場合、「教員数が万単位で不足したり新たな待機児童数が一〇万単位で生じたりしかねないこと」（「実証的な根拠」）を示しました。（「朝日新聞」二〇二〇年六月四日）苅谷は、同様の手法で、「教育格差問題」（彼は「格差」ではなく「不平等」という言葉を使っています）にも取り組んでいます。

8　フッサールの「現象学的な方法」

今日の講義は「現象学的な方法」についてです。「現象学」を創始したのは、ドイツの哲学者であるフッサール（一八五九–一九三八）です。彼の「現象学」は、ハイデガー（一八八九–一九七六）をはじめ現代の多くの哲学者に影響を与えています。

フッサールは、世界についての一般的で日常的な見方や捉え方を「自然的な態度」とし、自然科学的な見方や捉え方を「自然主義的な態度」とします。「自然的な態度」や「自然主義的な態度」は、「世界」（「客観」とか「対象」とかと言い換えられることがあります）を予め客観的に実在しているものとして、それを人間（「主観」とか「思惟」とかと言い換えられることがあります）が見たり、捉えたり、理解したりする時の態度です。したがって、その見方や捉え方の正しさは、「世界」と「認識」の一致、「客観」と「主観」の一致、「対象」と「思惟」の一致ということになります。そこでは、「私が世界をどれほど正確に認識することができるか」ということが問題になります。それゆえ、「枯れたすすき」を「幽霊（ゆうれい）」に見てしまった場合、これは、間違った認識ということになります。

それに対して、「現象学」では、「私の意識に世界がどのように現われてくるのか、現象してくるのか」ということが問題になります。すなわち、「人間」の意識に現象する「世界」の構成とその意味、

「主観」の意識に現象する「客観」の構成とその意味が問題になるということです。ちなみに、「意識」は必ず何ものかについての「意識」であり、「対象」と「心的作用」が結び付いたものと、フッサールは考えています。

したがって、「世界」や「客観」の現象は一様ではなく、「世界」と「人間」の協働、「客観」と「主観」の協働によって様々な意味をもつものとして「人間」の「意識」に、「主観」の「意識」に現われてくるということです。「枯れたすすき」が「幽霊」としてその人の意識に現われたことは、間違った認識ではなく、あくまで一つの意味をもった「現象」ということになります。「現象学」は、その「枯れたすすき」が「幽霊」として現われた「意識」の構成とその意味を問題にします。

しかし、「現象」は一様ではないといっても、すでに「自然的な態度」や「自然主義的な態度」が出来上がっている訳ですから、ある意味で、様々な現象が「意識」に現われることを「自然的な態度」や「自然主義的な態度」が邪魔をしていることになります。その邪魔を取り払う方法が「現象学的還元(かんげん)」です。「現象学的還元」は、当たり前として習慣になってしまっている物事の見方や捉え方(自然的な態度や自然主義的な態度)を一旦「括弧(かっこ)」に入れ、あらゆる判断を一旦停止(エポケー)して、それでも打ち消すことのできない、直接的に与えられた「意識」の内容をできるだけありのままに捉え、記述していく一連の手続きです。たとえば、「地上は平らで、天体が動いている」という自然的な態度を一旦「括弧」に入れて、あらゆる判断を一旦停止すると、「地球は丸くて、地球も天体もともに動いている」といった現象が「意識」に現われる可能性が出てきます。さらに「地球は丸くて、地球も天体も動いている」という「自然主義的な態度」の「地動説」を一旦「括弧」に入れて、あらゆる判断を一旦停止すると、一様ではない現象が「意識」に現われてきます。たとえば、天体の星がギリシア神話をはじめ多くの神話の動物や人物の形の一部として、また亡くなった身近な人の生まれ変わりで、残された人を包んでくれたり勇気づけてくれたりするきらめきとしてと、多様な相貌(そうぼう)をもって「意識」に現象してきます。

また、別の例を挙げて「現象学的還元」について説明します。「桜の花びらを五枚集めてきてください」と言われた時、「桜の花びら」という「観念（概念）」がないと集められません。でも、「観念」が強すぎると集めてきた五枚の花びらがすべて同じに見えてしまうということが起こります。つまり、同じものとして意識に現象するということです。しかし、自然のもので全く同じものなどありえません。われわれの「意識」には違ったものとして現象しているはずです。そのような時に、「観念」を一旦「括弧」に入れ、あらゆる判断を一旦停止して、「桜の花びら」を意識に現象させる「現象学的還元」に該当する行為が「スケッチ」です。スケッチしてみると、一枚一枚の「花びら」が違ってわれわれの意識に現象してきます。生物の授業で、植物や動物をスケッチさせるのは、対象をありのままに意識に現象させるためです。そうして、一枚一枚違った「桜の花びら」の現象を意識することによって、一枚一枚違うという存在の意味や重みといったことにも気づくことになります。

以上のことを教育に関連させてみると、教育の対象である子どもにも同じことが言えます。一人ひとり違うはずなのに、「子ども」とか「男の子」とか「女の子」とかといった「観念」が強すぎると、一人ひとりの違った子どもの現象がわれわれの意識に現われなくなります。そういった「観念」を取り払って、一人ひとりの子どもをわれわれの意識にありのままに現象させることが教育では大切になります。そうして、一人ひとりの子どもの存在の意味や重みを捉える必要があります。

また、学校では、ある特定の子どもに「レッテル」を貼ることがあります。「問題児」とか「マジメな子」とか「がんばり屋さん」とかです。そうすると、その「レッテル」以外の現象が見えなくなることがあります。しかし、一旦「レッテル」を取り払ってみると、いつもとは違った様々な面と意味が教師に現象してくることになります。

あるいは、自然科学（自然主義的な態度）では、原因と結果の関係で過去の原因から現在の結果が生じたということが証明され、同じ原因が現在にあれば、将来同じ結果が生じるということになります。つまり、未来が予測できるという訳です。それを子どもにも当て嵌めて、現在こうだから、将来こうなると決めつける教師がいます。こうした未来が予測可能であるとする自然科学的な態度（自然主義的な態度）は教育において「括弧」に入れておく必要があると考えます。子どもの未来予測不可能な現象が見えなくなる可能性と未来をゆがめる可能性があるからです。いかに未来が予測できないかということは、プロ野球のドラフト会議とその後の実践での成績（結果）を見れば、容易に理解できるはずです。プロのスカウトたちでさえ、選手の未来予測は不可能な訳ですから。

最初の講義で、「教育哲学」は教育に関して当然のこと、当たり前のこととして比較的問題にされることのない常識といったこともあえて問題にし（疑い）、その陰に隠れている教育の本質を明らかにしようとする学問であると定義しました。「現象学的な方法」はその「教育哲学」の方法に当たると言えます。教育的事象の本質的な構造の分析や解釈のためには、その前提として教育的事象の「現象学的還元」といった方法が必要であると考えます。ただし、この「現象学的な方法」には特定の技術といったものがある訳ではありませんので、その都度の着想（直観）とそのためのセンスが必要になるかと考えます。

9　ニーチェの「解釈学」

今日の講義は「解釈学」についてです。まず、ディルタイ（一八三三－一九一一）の「解釈学」とニーチェ（一八四四－一九〇〇）の「解釈」についての考え方を取り上げたいと思います。二人ともドイツの哲学者です。

「解釈学」は、文献、特に古代ギリシアや古代ローマの文献の「解釈」に由来し、さらに、キリスト教の文献の「注釈学」とほぼ同じ意味をもっています。それは、文献を解釈して、それまで気付かれずにその背後に隠れている重要な意味を明らかにしようとするものです。そして、そういった文献だけではなく、歴史的文化的な産物である芸術作品や歴史的社会的な産物である風習や法律や制度なども「文献」と同じように考えて、それらの陰に隠れている、それらを生み出した人々の精神を、彼らの「体験」と「表現」に遡って「理解」しようと考えたのが、ディルタイの「解釈学」です。このディルタイの「体験」と「表現」と「理解」の「解釈学」に関しては、次回の講義の「生の哲学」で扱いたいと思います。

「解釈」ということで今日の講義で特に取り上げたいのは、ニーチェです。ちなみに、彼は学生時代に古代ギリシアや古代ローマの「古典文献学」を学んでいます。古典は、現在に至るまで繰り返し読まれ、様々に「解釈」されてきています。もし、古典の意味が一つしかないとしたら、繰り返し読まれ、「解釈」される必要はありません。ニーチェは、あたかも一義的で不動の「事実」のように捉えられていたキリスト教の「世界解釈」に対して疑いを懐き、批判して次のように主張します。「まさしく事実なるものはなく、ただ解釈だけがある。」「世界は別様にも解釈されうるのであり、（中略）無数の意味をもつ。」（『力への意志』）ニーチェにおいて「解釈」は、多様な価値や意味を創出する働きと考えられています。彼は、世界が不断に生成変化するものであり、それゆえ世界の「解釈」もまた多様なものであると理解します。こうして、彼はキリスト教とは異なった、新しい世界の「解釈」を行い、新しい意味と価値を示します。

ニーチェは、キリスト教の道徳を「弱者の道徳」「奴隷道徳」と批判します。「弱者」「奴隷」は、「強者」「主人」によって抑圧され虐待されて、自発的に抵抗したり反抗したりする行動力を喪失する無力感に陥るというのです。そして、彼らは「強者」「主人」に「ルサンチマン（怨恨）」を懐いて、この世界を悪として否定し、別の世界（彼岸的な世界である天国）に救いを求めるようになる。彼らにおいては、

「無力さ」が「善」であり、「抵抗できない」「反抗できない」ことが「寛恕（広い心で許すこと）」で、「敵（強者・主人）」は「悪人」であると否定し、「自己（弱者・奴隷）」は「善人」であると肯定することになるというのです。

この「弱者」「奴隷」に対して、ニーチェは「貴族的な」「高貴な」人間を対峙させます。この「貴族的な」「高貴な」人間は、彼岸的な世界、天国などは考えません。彼は、この世界とこの世界の中に存在する自己をそのまま肯定します。ちなみに、彼は、神の創造によって始まり、いつか終末が来ると考えるキリスト教的な世界に対して、偉大なものも卑小なものもすべてが全く同じように永遠に繰り返す、始まりも終わりもない「永劫回帰する世界」を対立させます。そして、自己と同様に、高貴な尊敬できる人間をライバル（「敵」）として自発的に希求します。ライバルである「敵」は、否定される存在ではなく、自己と対等で、自己にとって不可欠な存在として位置付けられます。

このニーチェの「解釈」を特に取り上げた理由は、この「解釈」が教育の問題における「いじめ」に対処するための示唆を含んでいると考えたからです。「弱者」「奴隷」をいじめられている子、「強者」「主人」をいじめている子と置き換えてみると、いじめられている子の置かれている状況と時には自殺する子の心情が理解できるのではないかと思います。そして、それに対処する仕方として、いじめられている子が求めなければならないのは、自己と同様に、高貴な尊敬できる人、自己に必要な存在としてのライバルではないかということです。自己を捨てるのではなく、いじめる子を捨てる。自己と対等なライバルから逃げるのではなく、いじめる子から逃げることは、卑怯な行為ではありません。

天国などは否定して、この世界とこの世界の中に存在する自己を肯定し、お互いに認め合い、切磋琢磨し合えるライバルを希求する。ちなみに、キリスト教でも、自殺すると、天国へは行けません。

このように、教育を考える際、一義的ではない「解釈」がいかに大切であるかということです。信州大学医学部付属病院子どものこころ診療部長の本田秀夫が話していた新聞（「朝日新聞」二〇一七年六月二日）記事の言葉を紹介します。「公立学校は「みんな仲良く」「みんな一緒に頑張ろう」という文化が強く、それがいじめの温床になりやすい。「みんな」という文化に入ってこないと異質だとみなすわけですから。」また、児童精神科医の杉山登志郎は、発達障害の子どもが犯罪にからむケースが欧米では少なく、日本では比較的多いのは、日本では発達障害の子が家庭での虐待や学校でのいじめによって「第四の発達障害」（「二次的な障害」）に陥っているからではないかと考え、その原因として個人や個性を認めない、異質な人を排除しようとする家庭や社会や学校の文化を挙げています。文化に関して見れば、名前にもすでに欧米と日本の文化の違いが現われています。欧米は、パーソナルネイム（個人名）が先に来て、ファミリーネイム（家族名）が後にきます。日本は逆です。お墓も、欧米では個人のお墓で、日本では家のお墓です。文化はなかなか容易には変えることができません。特に長く続いている歴史の古い文化はそうです。しかし、そうかといって、何もしない訳にはいきません。たとえば、「解釈」による言葉の意味の変更の試みです。杉山は『発達障害のいま』（講談社現代新書）で、「発達障害」という言葉の意味の「解釈」変更を試みています。「障害」と訳された言葉の原語は英語の「disorder」で、「秩序（order）がない」「凸凹」を意味しています。これは発達において自然なことです。みんなそれぞれ違います。「でこぼこ」していることをまず認めることが肝心なところです。そして次に、この「でこぼこ」で本人が「困っている」なら、あるいは周りの人が「困っている」なら、その状態を「disorder」は表わしているというのです。そうすると、このそれぞれの「困っている」状態にどのように具体的に対応していくかを考えればよいということになります。これは、そんなに難しいことではありません。ところが、「障害」としてしまうと、「凸凹」が否定的に固定化されてしまいます。言葉の意味の「解釈」変更でもこれだけの考え方の違いを生み出すことができます。

教育の「解釈」にしても、教育を「立身出世」の手段、格差社会で優位に立つための手段として考えるか、あるいは、一人ひとりの個別性、多様性を認めて、それぞれの人生を少しでも豊かにすることを目的とするかでは、全く違ってきます。ニーチェが考えたように、「解釈」は多様であり、新しい意味や価値を創造することができます。

10 ディルタイの「生の哲学」

「生の哲学」の「生」は、ドイツ語の「Leben（レーベン）」の翻訳語で「生命」や「人生」の「生」を意味する言葉です。「生の哲学」は、それまでの「理性の哲学」「精神の哲学」である「学の哲学」

に対して使われるようになった哲学の新たな立場を意味しています。その哲学を代表するのが、前回の講義でも取り上げたディルタイ（一八三三ー一九一一）とニーチェ（一八四四ー一九〇〇）です。

ディルタイは、自然科学がわれわれの生への直接的な関係を断ち切って、生を抽象化し客観化することに対して、精神科学の立場を標榜します。自然科学は、観察や実験を通して数多くのデータを数量化して集める訳ですが、その際、数量化されないデータは排除されることになります。たとえば、色とか匂いとかです。ニュートンは、リンゴが落ちるのを見て「万有引力の法則」を思い付いたということですが、「万有引力の法則」は質量と距離と引く力だけに抽象化されていて、そこからはリンゴの色も匂いも消えてしまっています。自然科学の方法を使う社会科学にも同様のことが言えます。数量化されることによって客観化される訳ですが、そこからは当然数量化されずに抜け落ちていくものがあることになります。そういった学問に対して、ディルタイは、われわれに直接与えられている具体的な世界である「体験」の世界を対象にする精神科学を対峙させたのです。「体験」は「人間によって生きられた直接的で内面的な生」であり、「生を生そのものから理解しようとする」（『精神科学における歴史的世界の構成』一九一〇）のが精神科学です。

ディルタイは、歴史や文化を生の「表現」、生の形式であると考えて、その歴史や文化の「理解」が生の精神科学的な「理解」であると考えます。したがって、精神科学的な世界は、「体験」と「表現」と「理解」の円環的な作用によって成立する世界ということになります。たとえば、ある画家がある風景を見て感銘を受ける。これが画家の「体験」です。次に、その画家が感銘を受けた風景を絵に描く。これが画家の「表現」です。そして、画家は自ら描いた絵を通して、改めて画家自らの体験内容を「理解」するということになります。このような円環が一つ成立します。また、その画家が描いた絵をわれわれが見るとします。ここに、われわれの「体験」が成立します。この画家の「表現」を通して、われわれは画家の「体験」内容を「理解」することになります。この「理解」もわれわれの「体験」ということになります。そして、この「体験」を、われわれが言葉で「表現」することも考えられます。ここに、「表現」を通してのわれわれの「体験」内容の「理解」が生じることになります。このようにして、「体験」「表現」「理解」という、もう一つの円環が成立します。

その際、「体験」は歴史的な規定や社会的な規定を受けています。絵は「表現」や「理解」においてその時代や社会の制約を受けることになります。そして、「表現」は「体験」の単なる模写的な表出ではありません。「体験」の「理解」である「表現」は、「体験」の「解釈」の要素を伴うということです。したがって、「体験」は「表現」によってより深められる可能性があるということになります。それは、新たな「体験」内容の創造と言えるものです。そこに、「表現」が時代や社会の規定性を越えていく可能性が生まれます。例として、ピカソのキュビズム（立体主義）を想起するとよいかもしれません。

そして、「表現」には、行為による「表現」、言葉による「表現」、芸術作品としての「表現」が考えられますが、その「表現」の「理解」には、初歩的な「理解」と高次の「理解」があります。たとえば、泣いている人を見て、あるいは悲しみの言葉を聞いて、その人の悲しみを「理解」するのは、初歩的な「理解」です。そこには、悲しみの表情や言葉（「表現」）と悲しみの「体験」内容の一致が成立しています。他者の悲しみの「表現」を「理解」するということは、悲しみの感情を引き起こされる自己の「体験」との一致を意味しているということです。それを可能にする基盤には、「表現」する人と「理解」する人を結び付けている歴史的で社会的な共通性があると考えられます。これは、歴史的で社会的に規定された「理解」ということができます。次に、高次の「理解」です。たとえば、悲しみを懐きながら、殊更に笑顔をもって対応するとか悲しくないと言葉で「表現」するとか、好意を懐きながら、そっけない態度をとるとか逆に嫌っているような行動をとるとかといったことです。そこには、「体験」と「表現」の不一致が見られます。この場合、「表現」の根底にある「体験」の高次の「理解」が必要であるということになります。いじめられている子がいじめている子たちといつもにこやかにふざけていたので、いじめに気付なかったという教師がいます。高次の「理解」が欠けていたと言えるかもしれません。教育の現場で特に教師は、この「体験」と「表現」の不一致に敏感でなければならないと考えます。

さらに、高次の「理解」には、「表現」する人自身が「表現」した自らの「体験」以上に、他者が「表現」した人の「体験」内容を「理解」するという「理解」があります。そのことをディルタイは次のように書いています。「解釈学的な手続きの究極の目標は、著者自身が自らを理解していた以上によく著者を理解することである。」（『解釈学の成立』一九〇〇）教師はある意味で、被教育者の「体験」の「表現」による「理解」以上に、被教育者の「体験」を「理解」していなければならないのかもしれません。

こうして、「理解」によって「体験」はその狭さや主観性から解放されることになります。他者の「理解」によって自己の「体験」内容が明瞭になり、その主観性の狭さから脱却することができるのです。

この「体験」「表現」「理解」のサイクルは、螺旋的な上昇運動を成すと考えられますが、教育は、この螺旋的な上昇運動そのものであると言えます。進学校として有名な神戸の灘中学校で国語教師をしていた橋本武は、中学三年間の授業で、中勘助（一八八五―一九六五）の小説『銀の匙』を講読することをしていました。その小説の中に、主人公が駄菓子を食べる箇所が出てきた際、橋本は仙台から駄菓子を取り寄せて、生徒に配って授業中に実際に駄菓子を食べさせたそうです。駄菓子を実際に食べる「体験」を通して、小説の中の主人公の「体験」をより深く「理解」させようとしたのです。また、主人公が凧揚げをする場面に関しては、美術の先生の協力の下、実際に凧作りを生徒にさせて、自ら作った凧を実際に揚げさせたそうです。実際の「体験」を通して「表現」を「理解」させる教育実践を行っていたということです。（伊藤氏貴『奇跡の教室』小学館文庫）現在の学習指導要領に従った学校ではなかなかできないことですが、いかにして被教育者の「体験」に根差した「理解」を導き出していくかということは、教育にとって大切なことであると考えます。

ちなみに、言葉による「表現」の内容と身体行動による「表現」の内容が相矛盾している場合、相手が適切な対応行動をとれなくなってしまうということを指摘したのがアメリカのベイトソン（一九〇四―八〇）です。この状態を「ダブル・バインド」（「二重拘束」）と言います。たとえば、親が子どもに言葉では「愛している」と言っているのに、身体的にはこわばっていて拒否的な表情を見せているような場合、子どもは受容の「表現」に従うべきなのか拒否の「表現」に従うべきなのか判断できなくなってしまい、行動できなくなるという状態です。家庭でも学校でも教育においては、言葉による「表現」と行動による「表現」の不一致は、子や児童・生徒の「理解」を混乱させますので、極力避けるべきことと考えられます。しかし、高次の「理解」ということで言えば、言葉と行動の「表現」の不一致を踏まえた上で、親や教師が何を言いたいのか、「表現」の真の意味を捉えること（「理解」）も教育の大切な役割と考えられます。親や教師以上に、子や児童・生徒が親や教師の真意を「理解」する力を付けていくことも教育の螺旋的な上昇運動と言えるかもしれません。

11 デューイの「プラグマティズム」

「プラグマティズム」はアメリカを代表する哲学です。「プラグマティズム」の「プラグマ」はギリシア語で「行為」を意味します。日本では「プラグマティズム」を「実用主義」と翻訳してきましたが、鶴見俊輔（つるみしゅんすけ）はギリシア語の原語の意味に戻って「行為主義」とした方がよいのではないかと提案しています（『新装版　アメリカ哲学』講談社学術文庫）。

「プラグマティズム」は、イギリスの「経験主義」や「功利主義」、そしてフランスの「実証主義」の影響を受けています。イギリスの「経験主義」の代表者はジョン・ロック（一六三二―一七〇四）で、その哲学は人間の「理性」や「観念」にではなく、人間の「経験」に重きを置いています。「功利主義」の代表的な哲学者はベンサム（一七四八–一八三二）やJ・S・ミル（一七七三–一八三六）です。「功利主義」の哲学を端的に表わす言葉としては、ベンサムの「最大多数の最大幸福」という言葉が有名です。「功利主義」においては、快楽が善で、苦痛が悪ということで、正しい行為や正しい社会制度は、快楽の最大化と苦痛の最小化を促進するものであると考えます。したがって、行為や制度の良し悪しは、その結果で決まるということになります。フランスの「実証主義」の代表者はコント（一七九八–一八五七）です。彼は、7の講義で取り上げましたが、自然科学の法則が一〇〇％正しくなくても、つまり「絶対的」ではなく「相対的」でも、ある程度の「確実性」や「正確性」があれば、それを「建設的」「現実的」に「有用」に使う方が生産的であるという哲学を示し、自然科学の知識を科学技術に応用する「第二の科学革命」を後押しすることになりました。これらの哲学に共通して言えることは、それまでのヨーロッパの思弁的で形而上学的な哲学に対して否定的で、現実の生活における経験や行為や実践を重視しているということです。

そのような哲学の影響を受けた「プラグマティズム」の代表的な哲学者は、創始者のパース（一八三九–一九一四）、ウィリアム・ジェームズ（一八四二–一九一〇）、デューイ（一八五九–一九五二）です。ジェームズは『プラグマティズム』（一九〇七）で「プラグマティズム」について以下のように記述しています。「この語はギリシア語のプラグマから来ていて、行動を意味し、英語の「プラクティス（実際）」および「プラクティカル（実際的）」という語と派生を同じくする。この語がはじめて哲学に導き入れられたのは、一八七八年チャールズ・パース氏によってであった。」(岩波文庫、五二頁)パースは、一八七八年の「通俗科学月報」一月号に掲載した論文に次のように記しています。「およそ一つの思想の意義を明らかにするには、その思想がいかなる行為を生み出すに適しているかを決定しさえすればよい。その行為こそわれわれにとってはその思想の唯一の意義である。」(前掲書、五二頁)すなわち、思想の意味をはっきりさせるには、その思想がどのような行為を生み出し、その行為がどのような結果になるかを確認すればよいということです。

この講義では、デューイを中心にして「プラグマティズム」の教育哲学を考察したいと考えます。彼の著作には、『学校と社会』(一八九九)や「教育哲学への入門」という副題の付いた『民主主義と教育』(一九一六)など、教育や教育哲学に関するものがあります。

デューイは「哲学は思考の一形式である」と考え、思考や哲学は、人間が生活している中で遭遇する問題、あるいは抱え込んでしまう問題を解決するための道具であるという「道具主義」の考え方をとります。

彼は、教育者が主体となって被教育者に一方的に知識や技能を「教授」し、知識の暗記や技能の習得を試験で試すような従来の教育のあり方を批判して次のように記しています。「まず、この世の中にちょうどこれだけ望ましい知識が存在し、またちょうどこれだけ必要な技能が存在する。そこで、この知識・技能を学校生活の六ヵ年・十二ヵ年もしくは十六ヵ年に割り振る」。「さてつぎには、子どもたちに毎年全体を割り振った一部分を教えればよい。そうすれば、卒業のときまでに子どもたちは全体を修めることになる。」(『学校と社会』岩波文庫、四四頁)彼は、こういった画一的なカリキュラムに基づく教育を否定し、子どもの生活を中心として組織する教育を以下のように主張します。「生活をすることが第一である。学習は生活をすることをとおして、また生活することとの関連においておこなわれる。」(前掲書、四七頁)すなわち、教育はそれぞれの子どもの生活の中の活動と経験に重心を置くべきであって、知識だけを活動や実践と切り離して教えることはほとんど意味がないという考えです。ただし、その際、生活における子どもの諸々の活動は散漫であったり、単に衝動的であったりすることもあるので、教育者がその注意と熟練をもって「価値ある結果」に向かうように「指導」しなければならないという考えを示しています。これは、被教育者が生活の中で主体的に「学習」し、その「学習」を教育者が援助者となって補助的に「指導」する「学習指導」の考え方です。

デューイは一八九六年にシカゴ大学に、上述の考えに基づく教育を実践するための「実験学校」を創設します。この学校では、生活の方法として料理、織物(おりもの)、縫物(ぬいもの)、大工仕事など様々な作業や仕事が「学習」に取り入れられたそうです。これらの作業や仕事は、生活に直接役に立つだけではなく、それらを通して情緒的な能力や創造的な能力、そして社会的な能力も同時に「学習」できると考えられていたようです。しかも、それらは、歴史的な脈絡で「学習」される時、人間の文化や歴史の「学習」へと自然に導くと考えられていました。

そのような「学習」において、デューイが重視したのが「問題解決学習」です。被教育者は、生活や作業の中で様々な問題に遭遇することが考えられます。そのような時、被教育者は教育者の配慮、「指導」の下で、何が問題なのかを特定し、問題を適切に設定することが必要になります。そして、問題解決のための思考を通して被教育者は、問題解決のための仮説を立て、推論によって検討することになります。次に、こうして推論によって再構成された仮説を試案として実際に試してみることになります。これが試行です。その結果、問題が解決されれば、経験の再構成ということで「問題解決学習」は終了します。しかし、解決されなければ、もう一度思考し、問題解決のための仮説と試案を立てることになります。これが試行錯誤です。解決するまで、何度も試みることになります。この過程が被教育者の「問題解決学習」、つまり被教育者の経験の再構成ということになります。経験の再構成が学習であるということです。その際の被教育者の評価尺度は、知識の量ではなく、問題設定能力と問題解決能力ということになります。

デューイは、こうした生活や学習が本来「共同社会的」であると考えていました。学校も学級も小規模の「社会」であるということです。「社会」は、多様な他者と共に生きる場所です。そこに「協同学習」の考え方が生まれます。黒板を前にして、被教育者がそれぞれ教育者の方を同じように見て、教育者の話を聴き、黒板の文字をノートにとる教室から、男女各二名合計四名一組くらいのグループが二対二で対面する形で座り、共通の問題を協同で考えていく教室に変えたのです。そのように組織された学級・学校は、道徳的な態度や社会的な態度も培(つちか)うと考えられました。これは、学校教育の大切な役割です。従来の教育は、被教育者個人の評価であり、個人に利益をもたらすものでしたが、デューイの提起した学校教育は、問題設定能力と問題解決能力を養うことによって「社会」全体に利益をもたらすことになります。「プラグマティズム」の考え方に基づく教育は、社会の抱える様々な問題を協同して解決することにつながっています。

現在の日本の教育は、残念ながら、デューイが批判した従来の教育です。学校は、知識を人よりも多く暗記し、試験で人よりも良い点数を取り、社会的身分や報酬といった個人の利益を保証する場所と化しています。被教育者が他者と共に生きる生活を享受し、生活の中で生じる問題を共に解決していく場としての学校は、そして社会は、実現できないのでしょうか。

12「マルクス主義」

マルクス（一八一八-八三）は、ヘーゲル「弁証法」の影響を受けたドイツの哲学者です。彼は、「弁証法」の構造で、社会の発展の歴史を説明しています。マルクスは、変化する社会の歴史を理解するのに、どの社会でも変化しないものは何かと考えました。それが「生産手段」と「生産物」といった「物」でした。どのような社会においても人々が生きていくためには、食料を確保しなければなりませんし、その食料を確保するためには、「生産手段」である道具が必要です。この食料である「生産物」や「生産用具」を意味する「物」から、彼の哲学を「唯物論（ゆいぶつろん）」、彼の歴史観を「唯物史観」と言います。ただし、その「生産用具」の所有や「生産物」である食料の分配の仕方が社会によって違うことから、それらの違いによって社会に変化が生じたと考えました。

マルクスは、最初の社会を「原始共産社会」と名付けました。「共産」というのは「共有財産」で、「共産社会」は、「生産手段」と「生産物」が「共有」されていた社会ということになります。たとえば、狩猟で獲物をとって、その獲物を食料として生活していた人々の社会では、狩猟の道具である弓矢や槍（やり）が「共有財産」ということになります。この「共有財産」である弓矢や槍をみんなで使って、獲物をとる訳です。そして、食料になる獲物をみんなで公平に分配して、社会が成り立っていたということになります。ところが、あの人が弓矢や槍を使った時は、獲物が多くとれ、別の人が使った時には、獲物が少ないといったことが出て来ることになります。そうすると、獲物は多くとれた方がみんなにとってよい訳ですから、段々と、ある特定の人々が弓矢や槍を使う役割に固定され、別の人々は、たとえば獲物を藪（やぶ）から追い出す役割になるという「役割分化」が生じることになります。それと同時に、「生産手段」である弓矢や槍がその人の身体の一部になって、その人の「私有財産」ということになっていきます。そして、弓矢や槍のうまい人と藪から獲物を追い出す人の「役割」の難しさが違うのに、「生産物」である獲物を平等に分配するのはおかしいということになる訳です。こうして、「役割」に応じた「生産物」の不平等な分配が生じることになります。多く分配される人と少なく分配される人が出てきます。少なく分配された人は、生きていくために食べてしまって残りません。しかし、多く分配された人は、生きていくために食べても、残りが生じます。これを「余剰（よじょう）生産物」と言います。残った獲物は、保存されて、あるいは「物々交換」で他のものになって「私有財産」になります。ここに、「私有財産」をもてる者ともてない者が生まれ、彼らの間に「対立」が生じることになります。この「対立」が最も鮮明になるのが、獲物がとれなくなって、少なく分配される人々が飢餓に陥る時です。このようにして、元々は「対立」のなかった平等で公平な「原始共産社会」に「対立」が生じることになります。

マルクスは、この「対立」が「止揚」（＝「和解」「統一」）される形で、次の「古代社会」へと移行したと考えたのです。「古代社会」も最初は「対立」がありませんが、時代の経過と共に「対立」が生じ、それを「止揚」するために、「封建社会」に移行し、「封建社会」でも同様のことが起こり、そうして彼自身の属している社会である「資本主義社会」へと変化してきたと考えたのです。マルクスと言えば、「社会主義」や「共産主義」を思い浮かべる人が多いかと思いますが、彼が特に研究したのは、実は「資本主義社会」でした。彼の主著は『資本論』です。彼が研究した「資本主義社会」を後に「初期資本主義社会」と言うようになります。というのは、「資本主義社会」が「社会主義」との「対立」を「止揚」して生じることになった「修正資本主義社会」と区別するためです。

マルクスは、彼が属した「初期資本主義社会」にはすでに「対立」が生じていると理解します。その「対立」は、労働者・農民と資本家・地主との「対立」です。この「対立」の背後には、労働者・農民が自ら生産した「生産物」であるにもかかわらず、自分で所有できないという「疎外」が隠れていると、彼は理解します。「疎外」は「よそよそしい」「疎遠である」といった意味です。「生産物」は生産者の所有になるのが当然ですが、その「生産物」が生産者のものにならずに、資本家・地主の所有になってしまうのです。これを資本家・地主による「生産物」の「搾取」と言います。どうして「搾取」が起きるのかというと、資本家や地主が機械や土地といった「生産用具」「生産手段」を「私有」しているからです。

さらに、「初期資本主義社会」で「疎外」されているのは、労働者や農民だけはなく、実は資本家や地主も「疎外」されていると、マルクスは考えます。資本家・地主は何から「疎外」されているのかと言うと、「労働」からです。資本家や地主は、資本を「私有」しているがゆえに、「労働」をしなくても「生産物」を手に入れることができます。これが「疎外」であるというのです。マルクスにとって「労働」はヘーゲルが考えたように、「人間の本質の表現（外化）」です。「労働は、第一に人間と自然との間の一過程である。この過程で人間は、自分と自然との物質代謝を自分自身の行為によって媒介し、規制し、制御する。」「人間はこの労働によって自分の外の自然に働きかけて、それを変化させ、そうすることによって同時に自分自身の自然を変化させる。人間は、人間自身の本質のうちに眠っている潜在能力を発現させ、その諸力の営みを人間自身の統御に従わせる。」（『資本論』）労働をしなくても、生産物が手に入る訳ですから、一見資本家・地主は幸福に見えますが、実は「人間の本質の外化」である労働から「疎外」された不幸な状態にあるということです。

「初期資本主義社会」の「対立」は労働者・農民の「疎外」と資本家・地主の「疎外」という二重の不幸を背景に有しているということになります。マルクスの理論からすると、この「対立」もいつか「止揚」されて「社会主義社会」へ自ずと移行すると理解されます。しかし、できれば、早くこの「対立」を「止揚」して労働者・農民と資本家・地主の不幸を解消できないかと、彼は考えました。そうして、提起されたのが「社会主義革命」です。強制や暴力によってでも資本家・地主から機械や土地といった「資本」を取り上げて国有化すれば、すべての人が労働者・農民になって、すべての人が国有化された資本を使って国家による計画経済の下で生産された生産物を公平に消費できる「社会主義社会」へ早く移行できるというのが「社会主義革命」の考え方です。そうして、実際にロシア、東欧諸国、中国、北朝鮮、ベトナム、キューバといった国々が「社会主義国家」になっていきます。ちなみに、「共産主義社会」というのは、「私有財産」も「国家」もなくなるユートピアのような社会です。

ところが、現実の「社会主義国家」では、計画経済による生産性の低下や生産物の品質悪化を招き、さらに共産党や国家の幹部といった特権階級による生産物の「搾取」が起きてしまいます。その結果、一九九〇年代のソビエト連邦や東欧の「社会主義国家」の崩壊を招いたと理解できます。マルクスは、すべての「資本主義社会」が「社会主義社会」へ移行すると考えたようですが、「初期資本主義社会」は「社会主義」の考え方を取り入れて、「資本主義」に修正を加え「修正資本主義社会」へと変貌(へんぼう)しました。「修正」は、鉄道や電信電話や郵便といった経済にとって重要な事業の国有化、公定歩合や規制といった経済への国家の介入、国民健康保険や年金、失業保険、生活保護といった社会保障制度、所得税の累進(るいしん)課税や相続税といった税制、労働運動による労働者の権利拡大といったことに見られます。特に戦後の日本は、資本家はいましたが、資本家と労働者の差が税制などによってあまりなく、すべての人が労働者になり、生産物をすべての人が消費できる「社会主義」の理想をある意味で実現したかに見えました。「資本主義国家」であるにもかかわらず、世界で最も成功した「社会主義国家」は日本ではないかと「修正」を皮肉られさえしました。ちなみに、現在「新自由主義」の考え方が強まった「修正資本主義社会」も「資本主義」の考え方を取り入れた中国など「修正社会主義社会」も「格差社会」という同じ問題に直面しています。

マルクス主義の教育は、労働に重きを置いた教育ということになります。その労働教育は、単なる職業教育ではなく、労働を媒介にした「人間形成」の教育ということです。また、労働は集団でなされることから、マルクス主義の教育は、集団主義的な教育であると言えます。さらに、マルクスは、世界を解釈することではなく、労働を通して意識を変革し、世界を変革することが大切であると考えました。マルクス主義の教育は、世界の解釈者ではなく、世界の変革者を育てるということを最終的な目的としていると理解されます。このように、マルクス主義は、政治に大きく関わる思想です。学問をする者としては、宗教と政治と学問の立場を明確に分けることが必要であると考えます。マルクスの哲学は、学問として重要であると考えますが、それが政治活動と結び付いてしまうと、政治に利用されることになりかねません。逆に、政治的にマルクスを見てしまうと、学問として、哲学として重要な部分が見えなくなります。これも避けなければなりません。

13　キルケゴールとハイデガーとレヴィナスの「実存哲学思想」

「実存」とは何かというと、「存在」は「ある」ということですが、「ある」にも「…である」という存在と「…がある」という存在があり、前者が「本質存在」で、後者が「現実存在（事実存在）」で真ん中の二文字をとって「実存」です。「本質存在」の「…」には、「人間とは…である」といった形で、「本質」がきます。哲学は長いこと、この「本質存在」にこだわってきました。「人間は社会的な動物である」とか、「人間は考える動物である」とかです。でも、すべての人間に当て嵌まる「本質」が言えるためには、まず一人ひとりの人間が現実に存在していなければならないと考えたのが「実存哲学」です。「実存が本質に先立つ」ということです。

「実存哲学」の創始者は、デンマークの哲学者であるキルケゴール（一八一三—五五）です。彼には、生まれつき、背骨が曲がっているという肉体的な障害がありました。その障害が「負い目」となり、婚約を破棄することにもなります。彼にとって「実存」が理性の力ではどうにもできない切実な問題だったのです。彼は、悩んだ末に、この自己の「不条理な現実存在」に主体的にこだわり続けようと決意することになります。「不条理な現実存在」を主体的に生き抜くことこそが「真理」ではないかと考えたのです。これが、本質のいつでもどこでも誰にでも成り立つ「客観的な真理」に対する実存の「主体的な真理」です。この「主体的な真理」が「真実存在」としての「実存」のもう一つの意味です。この「真実存在」へ至る過程が「実存の弁証法」です。これは、人間の自己生成の過程、つまり教育の過程と言えます。

一般的な教育に関する考え方は、連続的で漸次的な「自己生成」「人間形成」です。たとえば、教育は、段階を踏んで次第に文化を身に付けていく「社会化」の過程、自己実現していく「個性化」の過程であるといった考え方があります。それに対して、実存思想は、たとえば間違いや失敗、挫折、不安や絶望、対立といった非連続的で、ある意味で否定的な出来事が「主体の覚醒」や「主体的な決断」を促し、それまでとは違った「自己生成」「人間形成」の契機になると考えます。そして、その過程が教育的な過程であるということになります。ちなみに、プラグマティズムの問題解決学習の問題は、被教育者全員に当て嵌まる可能性のある客観的な問題でしたが、実存思想の教育の契機としての問題は、あくまで個別的な個人の問題です。

現代ドイツの哲学者であるハイデガー（一八八九―一九七六）は、実存思想を越えて、広い意味での存在論の思想に入ると考えられます。彼は二〇世紀最大の哲学書であると言われる『存在と時間』（一九二七）で、人間「存在」を「時間」で考えました。たとえば、後悔している人は過去を引きずって過去に生きている、将来何かをしたいと考えている人は未来を先取りして未来に生きている、今何かに夢中になっている人は現在に生きているということになります。そして、人間は自己の存在をどのように理解するかが自己の生き方に反映する存在であるとハイデガーは考えて、人間存在を「死への存在」として理解します。これは「人間は常に何らかの仕方で死に関わって生きている」ということです。彼は、「無（なくなったということ）」の経験がそのものの存在の重みや意味を理解させると考えます。これは「存在と無の弁証法」と言えるかもしれません。たとえば、道具の重みや意味が際立つのは、道具が壊れた時やなくなった時です。人間も同じです。その人の存在の重みや意味が最も際立ってはっきりするのは、その人が死んだ時です。そこで、自己を自己自身の死から理解しようとします。もちろん、実際に死んでしまったら、自己を理解することはできませんので、「死へ先駆けて」みる、すなわち死を想定してみるのです。そうすると、自己自身の死は、誰にも代わってもらえない（「代理不可能」である）ということ、つまり自己の存在の「かけがえのなさ」が明らかになります。自己の死は、時期は未定であるが、確実にやってくる可能性であるということ、つまり自己の存在の「有限性」が明らかになります。そして、自己は「存在しなくなる可能性を秘めた存在」であるという理解から、自己の生が気になるようになります。自分自身にとって「本来的な生き方」はどのようなものであるだろうかと考えるようになります。自己の死を考えることによって、人間は他者とかえがたい自己の存在の意味を自覚し、自己の人生を自己の人生として生きることができるようになる可能性が生まれます。そして、自己と同様に他者の存在の「かけがえのなさ」の理解も生まれることになります。極端な例かもしれませんが、殺したいほど憎い人でも、この人もいつか死ぬのだと思えれば、殺さなくてもすみ、距離をとることができるようになるかもしれません。

　教育には「社会化」という「人並み」にする側面があります。「人並み」を「非本来的」であると考えるなら、「非本来的な生き方」から「本来的な生き方」へ変えるきっかけになるのが自己の存在を自己の死から理解するということです。これは、教育にとって必要なことではないでしょうか。一度しかない自己の人生を自己の人生として生きる「本来的な生き方」を考えさせることも教育の重要な課題であると言えます。教育の現場では、死について取り上げることを避ける傾向があると思われますが、死について、特に自己の死について被教育者に考えさせることは大切な教育であると考えます。

ヨーロッパ北東部のリトアニア生まれで、後にフランスに帰化したユダヤ人のレヴィナス（一九〇六－九五）は、ロシア革命後の粛清（しゅくせい）やナチス・ドイツによるユダヤ人大量虐殺（ホロコースト）の経験から、道徳も倫理も地に落ちた非道な行為を行った人間に関して、人間の復権は可能なのか、可能なら、どのようにして可能なのかと問題とすることになります。それは、彼にとって、人間の「かけがえのなさ」の問題でもありました。ユダヤ人から名前を奪い、番号で数量化し、家畜のように扱い、抹殺したのですから、そこには人間の「かけがえのなさ」への配慮はひとかけらも見られなかったのです。

レヴィナスは、人間の「かけがえのなさ」は「比較」を許さないことではないかと考えます。しかし、現実の世界では、人間を「比較すること」が当たり前のように為（な）され、この世界に「比較されないもの」など何もないかのようです。われわれはいつの間にか人間を「比較可能な能力の束（たば）」と見做（みな）すように慣らされて、人間を「かけがえのある（かえのある）」人材として利用することに何の抵抗も感じなくなってしまっているというのです。そして、利用できなければ、棄（す）てられることになるということです。ユダヤ人だけではなくナチスによって「生きるに値しない命」として抹殺された身体障害者も精神障害者も利用できない人材だったのです。

こうした「比較」の背景に「比較」を可能にする「理性による認識」があると、レヴィナスは考えます。「理性による認識」は、いつでもどこでも誰にとっても成り立つ普遍的な概念による包括する能力であり、個体から個体性や個別性を奪ってしまう能力であるからです。「理性」が認識の対象とする、「本質存在」の「本質」は「比較可能」です。それに対して、「現実（事実）存在」の「実存」はあらゆる認識を超越している「比較不可能なもの」です。この「実存」に彼はこだわることになったのです。人間は「実存」として「かけがえのない」存在であり、あらゆる認識を超越しています。この「かけがえのなさ」が「唯一者」ということであり、あらゆる認識を超越しているということが「超越者」ということになります。彼は、その人間の「唯一者」「超越者」の根拠を「神の似姿（にすがた）」「神の痕跡（こんせき）」と考えたのです。「神」は絶対的な「唯一者」であり、人間の認識を超えた「超越者」です。その「神の似姿」「神の痕跡」である人間は「唯一者」「超越者」として「かけがえのない」存在ということです。彼の考え方は、人間の「理性」の根拠を「神の似姿」「神の痕跡」とする従来のキリスト教文化圏の考え方と対立します。

そして、彼は「かけがえのない」人間と人間の真の関係は、人間が人間を認識する関係ではなく、人間と人間が一対一で「対面」し「対話」する関係であると考えます。彼は、人間が人間を認識する時、本来の意味で人間を見ているのではなく、いわば物のように見ているというのです。それに対して、人間が人間と一対一で「対面」する時、人間は「唯一者」「超越者」に「対面」しているということになります。しかし、その際、人間と人間の間には「絶対的な断絶」が生じ、「底知れぬ深淵」が口を開けることにもなります。これは、自己にとって他者が「未知なる者」(「唯一者」)として現われ、「理解し尽くされえぬ者」(「超越者」)として存在しているからです。そうすると、未知なる、理解し尽くしえぬ他者に「対面」している自己は、時にどうしようもない他者との隔たりを感じ、孤独に陥ることになります。

　このように、他者に「対面」している自己は孤独であるのに対して、他者は「唯一者」「超越者」であるということですから、自己と他者は「非対称的である」ということになります。さらに、この「自他の非対称性」は、自己と他者の「かけがえのなさ」についても当て嵌まります。レヴィナスは、自己の「かけがえのなさ」と他者の「かけがえのなさ」も「非対称的である」と考えます。自己と他者の「かけがえのなさ」に関して第一に来るのが、自己にとっての他者の「かけがえのなさ」です。この他者の「かけがえのなさ」がまずあって、その他者の「かけがえのなさ」に寄り添い尽くす者としての自己の「かけがえのなさ」が後からはじめて生じると、彼は考えます。

　われわれは、まず自己の「かけがえのなさ」を第一に考えて、その上で、他者の「かけがえのなさ」を考えようとします。しかし、レヴィナスは、自己に「対面」する他者の「かけがえのなさ」を優先させたのです。このことは、自分の子どもをもつとわかることかもしれません。親にとって子どもが、子どもの「かけがえのなさ」が一番です。自分の子どもに寄り添い尽くす自分は、二番手、三番手に退いてしまいます。幼いわが子を残しては死ねないという親の気持ちや自分を犠牲にしてでもわが子を守ろうとする親心です。もちろん、古代ギリシアのオイディプス王の父親であったライオス王のように、自分が一番で、子どもは二の次という親もいない訳ではありません。ライオス王は、将来子どもに殺されるというアポロンの神のお告げによって、生まれてきたオイディプスを山に捨てさせて殺そうとします。その結果、逆に神託の予言通りにオイディプスに殺され、国家と身内に不幸が起こりました。

レヴィナスの思想は、他者と自己を子と親、被教育者と教育者に置き換えれば、そのまま教育に妥当すると理解できます。以上のレヴィナスに関しては、岩田靖夫『倫理学の復権　ロールズ・ソクラテス・レヴィナス』（岩波書店）を参考にしました。

14　シェーラーとプレスナーとゲーレンの「哲学的人間学」

「人間」をどのように理解するかということは、その「人間」をどのように教育するかということにとって前提となる大切なことであると言えます。ヨーロッパでは、キリスト教的な伝統の中で、デカルトやカントといった哲学者に代表される「意識」や「理性」に重きを置いた「人間観」が一九世紀中頃までは主流を占めていました。その伝統的な「人間観」が崩れ始めるのが一九世紀中頃からです。

その転機を成した一つが、イギリスの生物学者であるダーウィン（一八〇九-八二）の「進化論」です。

彼は『種の起源』（一八五九）で「生物の様々な種は、神が造ったものではなく、進化によってできたものである」と、すべてのもの（万物）は神が無から創造した被造物であるとするキリスト教の考え方を真っ向から否定します。キリスト教は、神を頂点として、その神に「似せて造られた」人間を神の次に位置付け、その「似姿」として人間に与えられたのが「精神」や「理性」や「知性」であるとし、人間に「似ている」動物が人間の次に位置付けられ、そうして、神、人間、動物、植物、物質という序列を作り、人間と動物を截然と区別したのです。この序列から、神を取り除き、下から逆に、物質、植物、動物、人間へと進んでいくのが「進化論」ということになります。ここに、動物から人間への連続性が示されたのです。その後、この連続性を実証する研究が生物学や心理学の分野でなされることになります。

ドイツの心理学者であるケーラー（一八八七－一九六七）は『チンパンジーの知恵試験』（一九一七）（『類人猿の知恵試験』岩波書店）で、人間だけの特殊性とされてきた「知能」（「回り道」を可能にした「洞察」）がチンパンジーにもあるということを明らかにし、さらに人間だけが可能であるとされてきた「道具の使用」や「道具の製作」に関してもチンパンジーが行ったことを示しました。たとえば、餌のバナナが直線的には直接手の届かない所にある場合に、一旦バナナから遠ざかる「回り道」をすることによって手に入れたケースや高いところにつるされたバナナを棒で揺すり、バナナが揺れて来る位置に箱を積み上げて待っていてとったケースでは、「洞察」が働いたと理解できます。また、檻の外の手の届かないバナナを、檻の中にある棒を使って手繰り寄せてとったケースや高いところにつるされたバナナを棒で叩き落して手に入れたり、箱の上に載って棒で叩き落したりしたのが「道具の使用」に当たります。さらに、二本の棒をつなぎ合わせて長い棒にして遠くにあるバナナを手繰り寄せた場合が「道具の製作」と「道具の使用」に当たるとしています。

また、伝統的な「人間観」からの転機をもたらしたもう一人が、オーストリアの精神医学者で、「精神分析学」の創始者であるフロイト（一八五六－一九三九）です。彼は、人間の心を「氷山」に例えて、「注意」や「監視」の働きをする「意識」は海面上に出ている「氷山の一角」（七分の一くらい）にすぎないと考えました。心のほとんどの部分は、海面下にあって、決して海面上には現われない「無意識」であり、「意識」と「無意識」の間にあって、海面上に現われたり海面下に沈んだりする部分を、「認識」や「記憶」の総体である「前意識」としました。そして、「前意識」と「無意識」の間では、「無意識」の中のことが「意識」や「前意識」に昇ってこないように抑え込む「抑圧」が働いていると考えました。「無意識」には、キリスト教が戒めている性的な傾向や攻撃的な傾向などが抑圧されているとされます。フロイトは、寝ている時、この「抑圧」が少し緩んで「意識」に現われるのが「夢」であると考えて、「無意識」を理解する手掛かりとしました。彼の著作には、『夢判断』というのがあります。さらに、物忘れや言い間違いなどの失策行為やヒステリーなどの異常な行動の原因が「無意識」の中にあると考えて、「無意識」の分析を行います。これが「精神分析学」です。このように、フロイトは、それまでの「意識」が中心であった「人間観」に対して、「無意識」が中心の「人間観」を示したのです。

また、フロイトは、心を三層構造で理解し、一番上を「超自我」、その下で真ん中を「自我」、一番下層を「エス」とし、「超自我」は社会の価値や理想を代表するもの、「自我」は「現実原則」に従って欲求充足を延期したり反社会的な衝動を抑圧したりするもの、「エス」は性的エネルギーである「リビドー」が支配し、緊張を軽減したり快楽を追求したりする「快楽原則」に従うものであるとしています。そして、人間の学問や芸術や宗教といった文化的活動も「エス」の性的エネルギーである「リビドー」が「昇華（しょうか）」したものであるという理解を示しています。この性的エネルギーは、人間だけに特有のものではなく、他の動物にも見られるものです。このように、人間と動物の連続性の上で、人間の文化的な活動まで説明していることになります。

以上のような「人間観」の変転の流れの中で、一九二〇年代にドイツを中心に、ダーウィンやフロイトに始まる実証主義的な人間科学の成果に対して、人間の統一的な像が見失われるのではないかという危機感から哲学の一分野として始まったのが「哲学的人間学」です。ちなみに、一九二〇年は今からちょうど百年前で、はじめて大量殺戮（さつりく）兵器の使用された世界規模の戦争である第一次世界大戦（一九一四－一八）が終結し、スペイン風邪（一九一八－）が大流行していた時期で、社会的な危機や精神的な危機に対して思想的な対応が迫られていた時期でもあります。

ドイツの哲学者であるシェーラー（一八七四－一九二八）は『宇宙における人間の位置』（一九二八）で、動物と人間の連続性に関する実証科学の研究成果は認めた上で、それでも人間は同じ霊長類の類人猿とは違うということを、人間の「精神」に依拠して主張しています。彼は「精神」の働きとして「環境の対象化」と「自己の対象化」を挙げ、さらに「精神」は自己を超越することを可能にしているということを強調します。人間だけが身体も生命も超越することができるというのです。たとえば、ソクラテスが「よく生きる」「正しく生きる」ということで、市民に大切なことに気付いてもらおうと、あえて死刑の判決を引き出して死んでいったように、人間だけが思想や宗教や信条といったことで死ぬことができるということです。

ドイツの哲学者であるプレスナー（一八九二―一九八五）は『有機的なものの諸段階と人間―哲学的人間学への序論』（一九二八）で、動物は環境の「中心」として環境に拘束されながら生きるのに対して、人間はあくまでも自然の中で自然的な身体で「あり」ながら、自分の身体を「もつ」という両義的関係を生きており、それゆえ環境に対しても「脱中心的」で「世界に開かれている」と主張します。「世界に開かれている」というのは、世界に対してその行動が「未決定である」ということです。人間の行動は、世界に対して様々な選択肢があるということになります。そこが動物とは違うというのです。

ドイツの哲学者であるゲーレン（一九〇四―七六）は『人間―その本性および世界における位置』（一九四〇）で、人間は他の生物と違って自然の中で「欠陥生物」であると主張しています。何が「欠陥」であるかと言うと、人間だけが自然環境への的確な適応を保障する生物学的な能力（本能）と専門的に特殊化された器官を欠いているというのです。自然界の中で人間は他の生物よりも劣っているということです。ところが、人間はその「欠陥」を補うために、「文化」を発展させ、人間独自の「環境世界」を形成したというのです。このような意味で人間は「文化的存在」ということになります。人間における本能の退化と文化創造との相補的関係に、人間の特殊性があるということです。しかし、このゲーレンの考え方に対しては、文化創造は自然への単なる適応のみが目的ではないという異論が考えられます。文化創造には、人間的な生の充実を図る側面もあると言えます。たとえば、服は身体の保護や保温のためにだけある訳ではなく、ファッションとして自己表現の手段にもなります。

以上の「哲学的人間学」の哲学者に共通に見られることは、人間と動物の連続性を認めた上での人間の特殊性の主張です。しかし、これらもやはりキリスト教的な伝統の上に位置していると考えられます。

15　ボルノーの「教育学的人間学」

前回の講義で取り上げた「哲学的人間学」の哲学者は、個々の、いわば任意に選び出された側面から、人間の生の全体を構成しようとしています。シェーラーは「精神」の「自己超越性」から、プレスナーは「脱中心性」や「世界開放性」から、ゲーレンは「欠陥生物」の「文化創造性」から構成しようとしています。これに対して、ドイツの教育哲学者であるボルノー（一九〇三―九一）は「教育学的人間学」の立場で、個々の生の現象のすべてを、人間の生の全体を捉える新しい出発点にするべきであると主張します。たとえば、実存思想で示された挫折や不安や絶望といった「危機」の状況です。この「危機」的状況も決して偶然の不運ではなく、人間的な成長の可能性の条件と考えます。その際、教育者は、被教育者が「危機」を人間形成の本質的な契機として生の全体の中に位置付けられるように促(うなが)すということになります。

ボルノーは、そのために「未決の問いの原理」と「前理解」を提起します。完結的な人間像というのは、外国の文化とか、過去の時代とかを外から見る視点にのみ存在するのであって、個々の人間が生き生きとした発展の途上にある限り、自己の完結した統一的な本質像をもつことは決してないというのです。したがって、現在を生きている人間にとって、完結した統一的な人間像は「未決の問い」「開かれたままの問い」ということになります。これが「未決の問いの原理」です。

「前理解」というのは、人間はいつでもすでに解釈され、また言語的に形成された世界の文脈の中で生きているということです。「人間はむしろすでにいつも、(多少なりとも)理解された世界のなかにいる。(中略)認識の前進はすべて、このいつも先に与えられた理解の枠のなかでのみ行なわれる。認識はこの理解を一歩一歩照らし、解明し、意識化し、浮かび上る疑問や不確実さにたいして確実なものにし、新しい経験によって拡大し、時にはまた正当化する。しかし新しいものの経験はすべて、すでにいつもすでに理解された世界の枠のなかでのみなされる。それは初めから「先立つ理解」によって導かれる。」(『哲学的教育学入門』玉川大学出版部、五四頁)この人間の理解を常に導く「前理解」は、主観的な先入観である「前—判断」とは異なります。「前—判断」は閉じたものであるのに対して、「前理解」は開かれているということです。開かれているということは、「つねに新たな経験の影響を受けながら、歴史の流れの中で変化し成長する」可能性があるということです。そして、「新しい経験とのこの絶え間のない対決のなかで、ただ内容的に知識の周囲が拡大するばかりではなく、その対決のなかで、人間の把握様式も、人間がそれによりあとの経験に立ち向かう前理解も、また同時に拡張する」（『認識の哲学』理想社、二七〇頁）ということになります。したがって、認識の課題は、「前理解」の意識化と明瞭化ということになります。そして、その上で「前理解」の解釈も修正されていくことになります。こうして、人間の認識が人間の本性である開かれた「歴史性」の中へ組み入れられます。この一連の過程が教育の過程であると言えます。以上が、ボルノーの「教育学的人間学」の考え方です。

「1 「教育を哲学する」ということ」の最後で、私は次のように述べました。「常識といったこともあえて疑い、問題にするためには、そしてその問題の陰に隠れている教育の本質を明らかにするためには、哲学とその方法が必要になります。さらに、物事の本質を根源的・根本的に、そして全体的・総合的に捉えようとするのが哲学です。この講義では、「教育哲学」の方法論と様々な立場の哲学に見られる教育哲学思想を考察していきたいと考えています。」これを踏まえて、最後に「教育哲学」の果たすべき役割について改めて述べておきたいと思います。「教育哲学」の役割として、「教育の本質」を「根源的・根本的に、そして全体的・総合的に」明らかにしようとする研究が何よりも大切であると考えています。それには、様々な哲学や「教育哲学」を駆使（くし）していくことが必要です。ただし、この研究は単に「本質」だけを求めるのではなく、たとえば「いじめ」や「児童虐待」、「体罰」、「不登校」、「入学試験」といった現在の具体的な個々の教育問題に対応する研究の中で求められるものでもあると考えます。そのためには、社会学や心理学や精神医学といった様々な学問（科学）の成果に基づいて研究がなされることが必要です。その際、それらの成果を検討して全体的・総合的に捉える役割が「教育哲学」にはあると考えています。

そして、「11　デューイの「プラグマティズム」」で示したように、何が問題なのかという問題設定を大切にすることです。社会では、問題を問題としていない場合があります。たとえば、「躾」や「体罰」や「虐待」です。「体罰」や「虐待」をするような「躾」なら、しない方がよいとか、「躾」より、子どもを受容し、愛し、子どもと楽しむことの方が教育的であるといったことです。また、「体罰」がいかに子どもの心や脳を損なうものであるかということです。さらに、「比較」や「無視」も「虐待」に当たるといった認識です。社会の人々の意識や認識を変えていく役割が「教育哲学」を含めて教育に関わる学問にはあると考えています。

そうして、問題を問題として設定したなら、当然その問題を解決する方策を模索しなければなりません。「入学試験」を中心にして学校教育が、そして教育が考えられているということに現在の教育の問題があると私は考えています。たとえば、この「入学試験」の問題です。歴史的に長く続いてきた制度を変えるということは大変難しいことではあります。しかし、中学校の三年目に高校入試で、高校の三年目に大学入試ということで、それぞれの最後の一年は「入学試験」のために使われています。それだけではなく、学校教育の全体が「入学試験」に合格するために組まれているようにさえ見えます。これでは、常に他者との「比較」にさらされ、落ち着いて学校生活を楽しんだり、様々なことを学んだりすることなどできません。このような中で「いじめ」や「不登校」といった問題も生じている可能性があります。この解決策として、高校入試をなくすことが考えられます。現在高校への進学率は九四%くらいですので、高校を義務教育化し、中高一貫の六年間にすれば、高校入学の「選別」をなくすことができます。このような提案に対して、「学力」は大丈夫なのかといった疑念が予想されますが、公立の小・中学校では問題はなかったはずですし、実証的な研究でも、必ずしも「選別」が「学力」に有効ではないことが明らかになってきています。さらに言えば、学校で身に付けることは、入試科目の「学力」だけではありません。様々なことを学び、自己認識に基づいて、多様な他者との関係の下で、自己実現を図っていくことができるようにする場が学校です。人々の意識を変え、社会の理解を得て、政治を動かし、教育問題の解決のための改革を目指すことが、教育に関わる他の学問と共に「教育哲学」の大切な役割であると考えています。

おわりに

私が研究してきたリットは、人間存在を「特殊と普遍の弁証法的な関係」にあると考えています。私は、教育も研究も同様に「特殊と普遍の弁証法的な関係」にあると考えます。それゆえ、教育も研究もある面では常に「特殊」で私的なことでもあると考えています。その「特殊」を出発点として新たな「特殊と普遍の弁証法的な関係」を築いていくことが教育であり、研究であると考えます。その際、「普遍への移行を遂行するエネルギーは、まさにあらゆる場合にこのある特殊な私の原動力やエネルギーにほかならない」（リット『ヘーゲル』（*Hegel*, Heidelberg. 一九五三）六三–六四頁、傍点は原文中の斜字体の箇所です）。そこで、最初の自己紹介がそうであったように、最後にもう少し私の個人的なことを話して「おわりに」としたいと思います。

宮城県の教員採用試験（倫理社会）に落ちて大学院に進学した私は、二八歳で修士論文をどうにか提出した後、研究者としての道は無理かもしれないと考えました。それでも最後の決心が付かず、演習やその後の飲み会で語学の苦手な私によく「お前は向いていない」と話されていた千葉泰爾（ちばたいじ）先生に最後の踏ん切りを付けてもらおうと、「やめようと思っている」と話しました。ところが、千葉先生からは「お前、今ここでやめていいのか」と予想もしなかった言葉が返ってきたのです。そうして「今ここでやめたくない」自分に気付かされ、覚悟を決めました。ただし、博士課程に進むには、自分には語学力がなく、辞書を引くのに他の人よりも二倍も三倍も時間がかかるので、時間を作らなければ駄目だと考えました。それで、生活を変えようと、大学に入ってすぐから付き合っていた妻に結婚を申し込むことにしました。外で会っているよりも、結婚すれば、時間が作れると考えたのです。われながら、本当に勝手なことを言っているとは十分承知していましたが、とにかく今までの生活を変えなければと思ったのです。

妻は、高校卒業後、一年間自宅で受験浪人をし、東北大学教育学部に入って同級生になりました。教育心理学科心身欠陥学聴覚言語欠陥学専攻を卒業して、宮城県医師会の機関で就学前の子どもたちのきこえやことばに関わる仕事をしていた妻には、一度は断られましたが、「それなら、別れよう」と迫って承諾してもらいました。

こうして、荒井武(あらいたけし)先生ご夫妻に仲人をしてもらい、妻が二六歳、私が二九歳の結婚生活が始まりました。結婚して半年後には、妻は仙台市に新たにできた聴覚言語障害児の療育指導機関に移り、仕事の内容は同じですが、後に国家資格ができた「言語聴覚士」として、合計三五年間勤めました。

妻には、私が東北大学の助手になるまでの六年半、経済的にも支えてもらいました。妻とは、大学に入ってから四七年間、常に一緒にいて、様々な話をしてきました。妻を通して、私にはなかったいろいろな世界が広がりました。特に、音楽や古文の世界です。研究についても話してきました。私にとって、そして私の研究・教育活動にとってもかけがえのない存在です。

もう一人、かけがえのない存在ということで、娘の話をします。娘は、妻が三五歳で、私が三七歳の時に生まれました。それまで順調に来ていると言われていたのですが、三六週目の定期検診で「小さいのと心音が弱いので、入院してください」と言われ、入院してから三日目の朝に「心音がさらに弱くなったので、帝王切開します」と連絡があり、その日の午後に生まれました。手術室から出て来て、エレベーターで未熟児センターへ移動するのに立ち会った私は、それまでは駄目かもしれないと暗い気持ちだったのですが、小さい（一三七八グラム）けれども元気な声で泣き、元気に手足をばたつかせている娘を一目見て、大丈夫育つと確信しました。一か月半未熟児センターに入院し、その後、保育園、保育所にお世話になりました。

娘は、本来なら四月生まれのはずだったのですが三月末生まれで、学年が一学年早くなりました。身体が小さかったこともあり、保育所では当初一学年下の子どもたちと一緒のクラスでした。現在でも娘には、その頃からの一学年下の友人がいます。小学校の低学年の時は周りの同級生に付いていくのが大変だったようです。低学年の頃は、児童館での学童保育にもお世話になりました。その後、娘は、母と妻と同じ高校の共学化に伴う女子校最後の卒業生の一人となり、大学受験の予備校を経て、東京の女子大に入りました。大学では日本文学を専攻して二〇一三年に卒業し、現在、学芸員として働いています。また、四年前からは、専門学校で学芸員の資格に必要な科目の非常勤講師の仕事もしています。

娘を介して、妻と私は、娘の同級生、同級生の保護者、先生と、たくさんの方々と関わることができました。娘を通して、親として教育についても考えることができました。文学についても、娘と妻と三人でよく話をします。現在は、同じ教員という立場でも、娘に聞いたり、話したりすることがあります。娘は、妻と同様、私にとって、そして私の研究・教育活動にとってもかけがえのない存在です。

また、かけがえのない存在ということでは、友人とそのご家族がいます。一人は、仙台二高のバレーボール部で一緒になり、私が高校を留年、退学した時も関わってくれた唯一の友人です。いろいろなところへ引っ張り出してくれましたし、いろいろな話もしました。いつも傍にいてくれたので、それが当たり前になっていましたが、彼がいなかったらと考えると、今の自分であれたかどうか疑問に思います。認めてくれて受け入れてくれる理解者が一人いるかいないかでは全く違います。彼は、北海道でメロンを作りたいと、東京教育大学(現在の筑波大学)農学部に入り、種苗会社に就職して、五三歳で早期退職した後は、北海道の恵庭市で農地を借りて野菜の栽培をしています。毎年夏にはトウモロコシや枝豆やトマトなど、秋にはジャガイモや玉葱(たまねぎ)やかぼちゃなどを送ってもらっています。

もう一人は、二高に再編入学してからの、本来なら二学年下の友人です。彼のお母さんと私の叔母(母の妹)は、同じ女学校の同期で、叔母からお祖父さんもお父さんも弁護士の彼が復学した学年にいるということは聞いていました。復学後、二高の文集に載った、高校生が書いたとは思えない彼の文章を読んで、年下でもすごい人がいると思ったのが私の彼に対する最初の強烈な印象でした。そして、三年生で同じクラスになり、名簿順が前後していたこともあって座席が前後で、私の方から意識して関わるようになりました。

高校を卒業してからは、文理予備校での浪人生活、大学は同じ東北大学で、彼は法学部、卒業後は同じように大学に残って研究者の道に入り、彼は東北学院大学法学部に職を得て、結婚し子どもも一人と同じような道を歩んできました。家族ぐるみの付き合いでもありました。

ところが、東北学院大学法学部教授として、これからという五四歳の時、病気で急逝してしまいました。彼が語った言葉を時に思い出すことがあります。大学の教員であるわれわれは「ヤクザではないが、堅気でもないよな」。私の先祖は会津西方から伊達政宗について仙台に来て、明治維新は石巻（旧河北町）で迎えたという話をした時、彼は先祖に会津白虎隊で自決した人がいると話していたことなどを思い出します。彼と最後に言葉を交わしたのは、奥さんと一緒に娘の大学入学祝いに来てくれた時でした。息子さんのことを引き合いに出して「子どもは家を離れて一人で生活すると、大人になるよ」と話していたのを思い出します。哲学者の木田元が、楽しかった昔の思い出を語り合える友がもういないということほど寂しいことはないと書いていましたが、時が経つにつれ、私も実感しています。

二四歳の時に教育哲学を専攻するようになってから四四年が過ぎようとしています。荒井武先生を始め多くの先生方、研究室の先輩や後輩、友人、本当に多くの方々にお世話になりました。先生方の教えや多くの方々の思いにどれだけ応えることができたかはわかりませんが、本著で私の教育に対する思いと考えをある程度は表現できたのではないかと考えています。ここに改めて感謝の気持ちを表わしたいと思います。

そして、最後になりましたが、これまで私の講義を聴いてくれた石巻赤十字看護専門学校と石巻専修大学の学生の皆さんに感謝したいと思います。大学の授業では、毎回配る出席カードの裏面を利用して質問や感想を寄せてもらい、次回の授業の最初に、質問に応えたり、感想を紹介したりしてきました。本著は、授業がそうであったように、学生の皆さんとの様々な形でのやり取りがなければ、成立しなかったと考えています。

二〇二一年三月二二日

西　方　守

追記

この出版を当初より支えてくださった専修大学出版局の上原伸二さんをはじめ、専修大学出版局の皆様に心より御礼を申し上げます。

二〇二二年五月二〇日

西方　守（にしかた　まもる）

1952年宮城県仙台市生まれ。79年東北大学教育学部卒業。87年同大学大学院教育学研究科博士課程単位取得満期退学。85年石巻赤十字看護専門学校非常勤講師、88年東北大学教育学部助手、89年石巻専修大学理工学部助教授、99年同教授、2013同人間学部教授（現在に至る）。学位は博士(教育学)(東北大学、2000年)。専門は教育哲学。著書に『リットの教育哲学』（専修大学出版局、2006年）、共著に『開放講座　ものと心』（専修大学出版局、1997年）。

私の教育哲学
—コロナ禍の講義録—

2022年7月22日　第1版第1刷

著　者　　西方　守
発行者　　上原　伸二
発行所　　専修大学出版局
〒101-0051　東京都千代田区神田神保町3-10-3
株式会社専大センチュリー内　電話03-3263-4230
印　刷
製　本　　モリモト印刷株式会社

ISBN978-4-88125-372-4